中国古典诗文诵读

中级本

仇海平 主编
王俊杰 高文霞 编著

北京语言大学出版社
BEIJING LANGUAGE AND CULTURE UNIVERSITY PRESS

图书在版编目（CIP）数据

中国古典诗文诵读 ：中级本 / 仇海平主编 ；王俊杰，高文霞编著．-- 北京 ：北京语言大学出版社，2022.9

ISBN 978-7-5619-6128-5

Ⅰ.①中… Ⅱ.①仇… ②王… ③高… Ⅲ.①汉语－对外汉语教学－语言读物②古典诗歌－诗集－中国③古典散文－散文集－中国 Ⅳ.①H195.5 ②I211

中国版本图书馆 CIP 数据核字（2022）第 148488 号

中国古典诗文诵读（中级本）

ZHONGGUO GUDIAN SHIWEN SONGDU (ZHONGJIBEN)

插图绘制：史洪存
排版制作：北京创艺涵文化发展有限公司
责任印制：周 燚

出版发行：北京语言大学出版社
社 址：北京市海淀区学院路 15 号，100083
网 址：www.blcup.com
电子信箱：service@blcup.com
电 话：编 辑 部 8610-82303647/3592/3395
国内发行 8610-82303650/3591/3648
海外发行 8610-82303365/3080/3668
北语书店 8610-82303653
网购咨询 8610-82303908
印 刷：北京虎彩文化传播有限公司

版 次：2022 年 9 月第 1 版　　印 次：2022 年 9 月第 1 次印刷
开 本：787 毫米 × 1092 毫米 1/16　　印 张：11.75
字 数：180 千字
定 价：65.00 元

PRINTED IN CHINA

河北省高等教育教学改革研究与实践项目“中外学生中国古典诗文诵读共享课程建设”

（项目编号：2020GJJG093）

河北师范大学国际文化交流学院学术著作出版基金资助出版

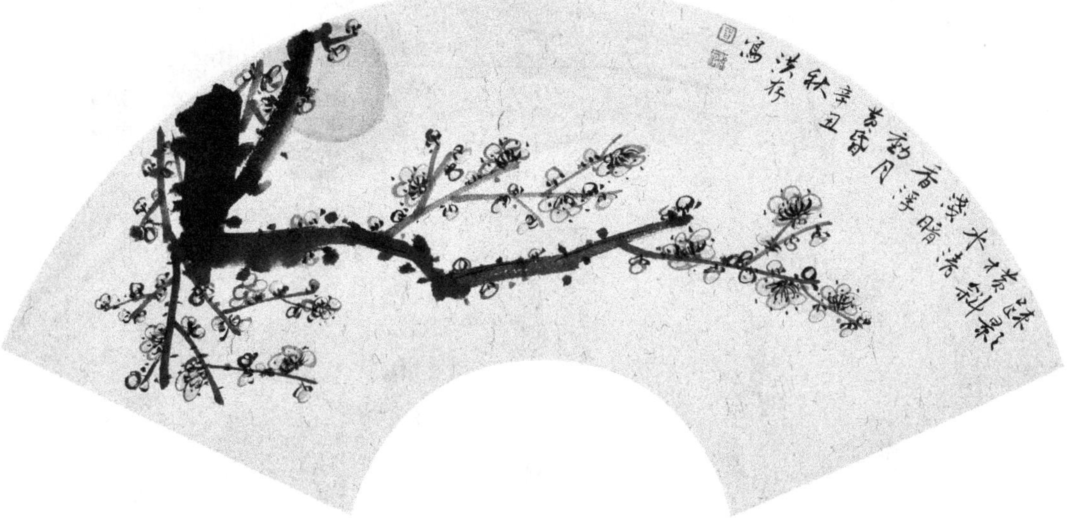

林逋《山园小梅》

史洪存 绘

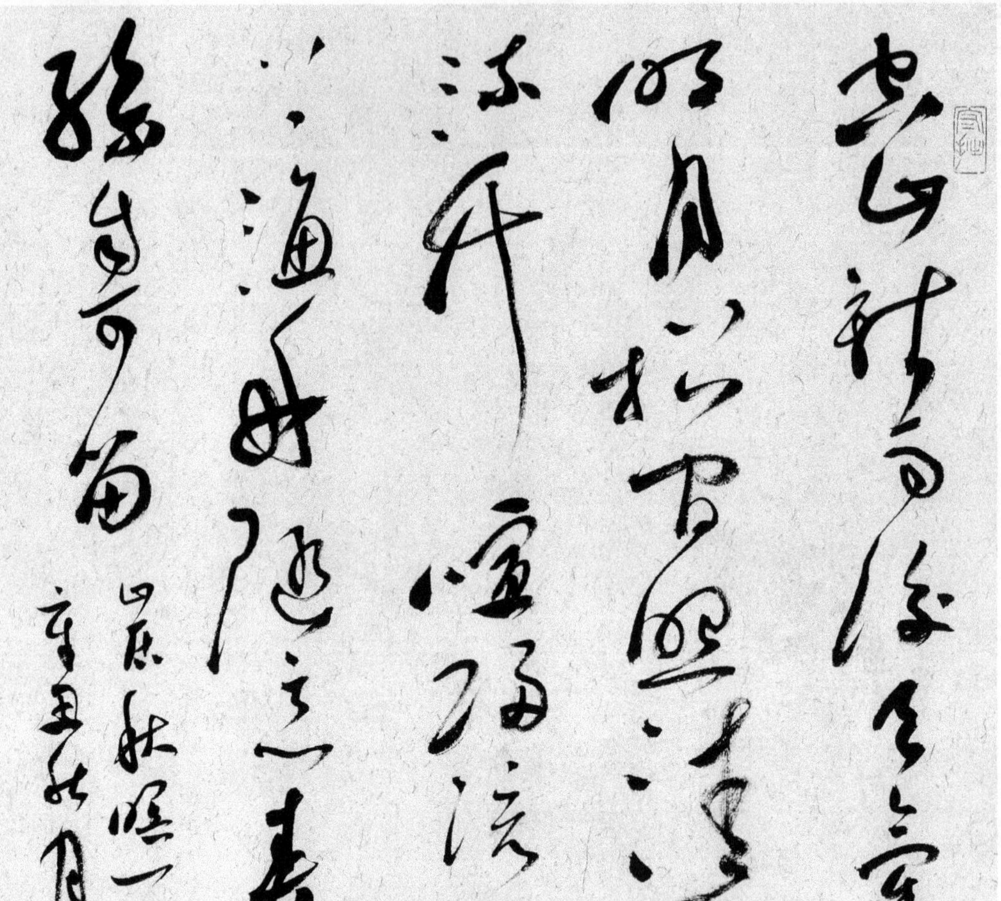

王维《山居秋暝》

史洪存 书

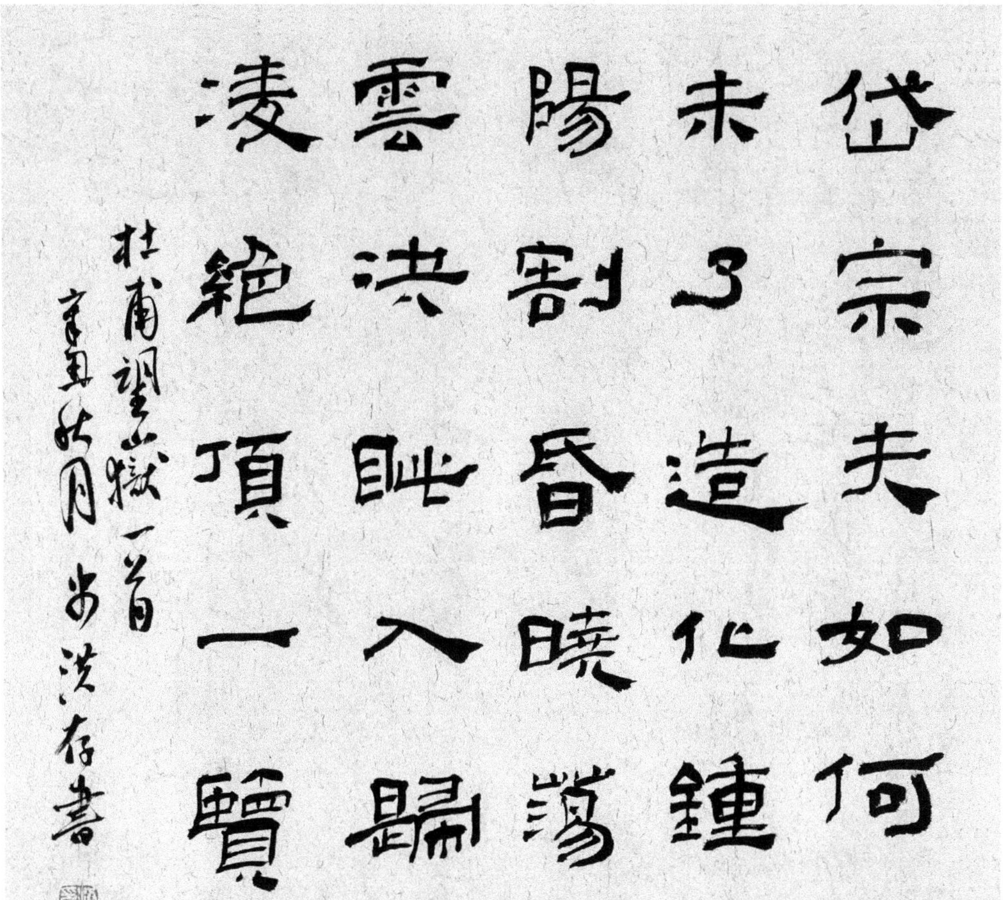

杜甫《望岳》

史洪存 书

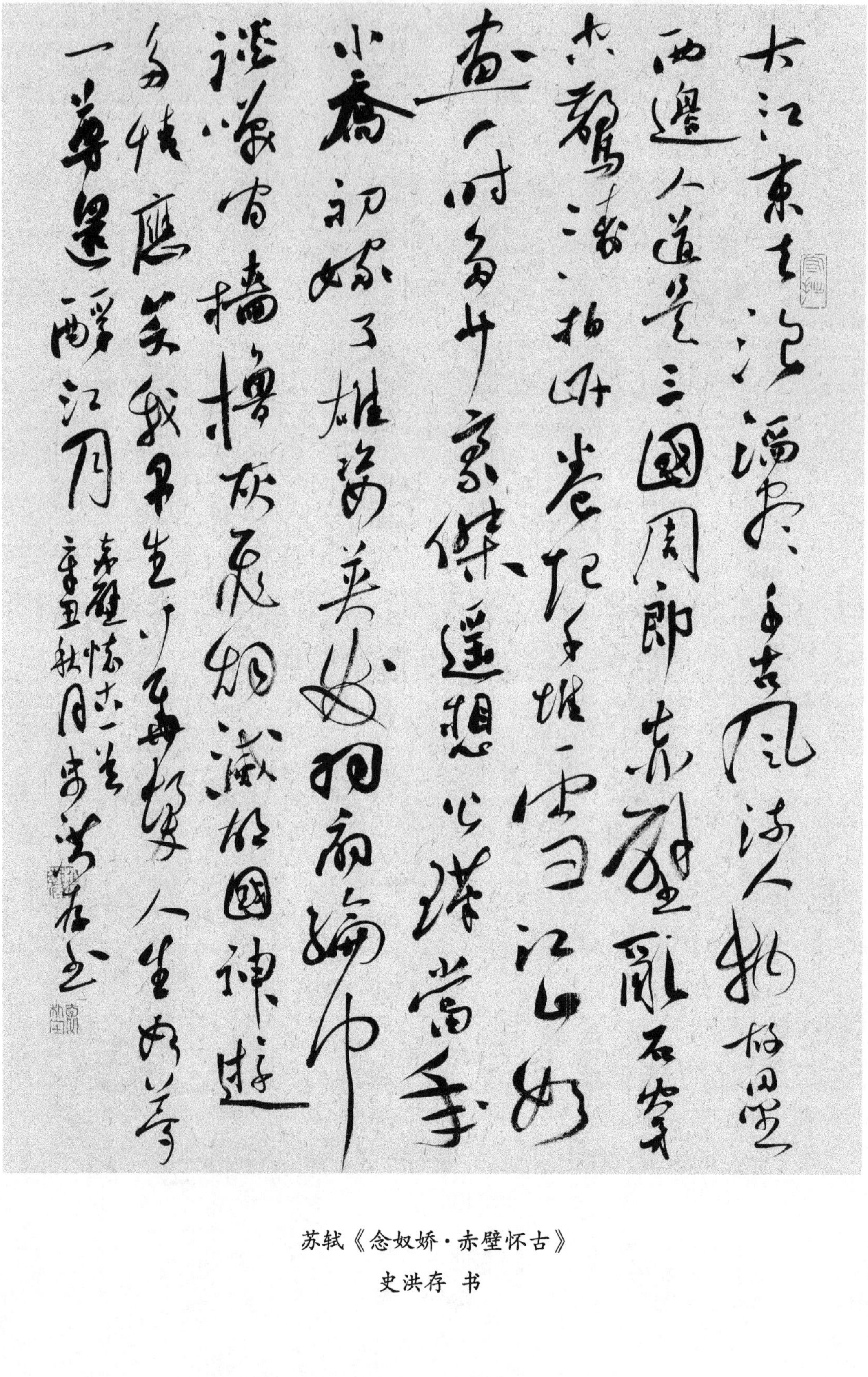

苏轼《念奴娇·赤壁怀古》

史洪存 书

留取丹心照汗青

史洪存 刻

前 言

《中国古典诗文诵读》系列读本是河北师范大学国际文化交流学院编撰的一套面向中外学生学习使用的系列教材。全套教材分为初级本、中级本、高级本三册，精选中国古代诗文 300 篇，解析疑难词句，鉴赏文学之美，阐释文化内涵，倡导中外学生循序渐进地诵读中国古典优秀诗文，感悟中华优秀传统文化，提高鉴赏能力与综合素养。

长期以来，中国古代文学作品选本编写多以时间为轴线，自先秦始，把《诗经》、楚辞作为起始学习内容，按照文学史发展演进脉络呈现，比较适合汉语言文学专业学生学习使用，而对于其他专业学生，特别是留学生，则未必适合。先秦诗文之古奥及较多文字障碍会令初学者望而生畏，一定程度上影响学生的学习信心与阅读兴趣。

《中国古典诗文诵读》系列教材精选自先秦至晚清广为流传、最具影响力的 300 篇作品，包括诗、词、散曲、散文、辞赋、骈文等，兼顾思想性与艺术性，朗朗上口，由浅入深，循序渐进，适合中外学生诵读学习。所选篇目按照难易程度、篇幅长短分为初级、中级、高级三册，每册收录 100 篇。初级、中级只选诗、词、散曲且以唐诗、宋词短篇作品为主，初级作品篇幅最短，中级作品篇幅加长。高级除收录《诗经》、楚辞及篇幅较长诗词作品外，还收入散文、辞赋、骈文等，其中长篇作品仅节选经典片段诵读，鼓励学习者课外继续拓展。

本套教材初级、中级、高级三册厚度次第增加，作品篇幅逐渐加长，阅读难度逐渐提升，便于读者轻松入门，激发学习兴趣，增强学习信心，逐步掌握全部作品，从而了解中国古代诗文基本风貌与发展历程。本教材附有诗文作者简介、注释、简析，倡导学习者在文化视角下诵读经典、学习诗文。本套教材不仅适合国际中文教育专业中外学生，也适合对中国古代诗文感兴趣的普通读者。诵读古典诗文，品味优秀文化，建树美好人生。

《中国古典诗文诵读》系列教材是在河北师范大学国际文化交流学院原院长赵金广教授及现任院长姜文振教授组织领导下，由学院多年从事教学研究的教师团队集体编写而成的，崔福建教授对本教材的编写提出了宝贵意见。具体分工如下：仇海平、何彦杰负责初级本编写，王俊杰、高文霞负责中级本编写，王军、阎浩然、刘永静负责高级本编写，史洪存负责书画篆刻创作。

限于经验不足，本教材编写难免存在疏漏之处，恳请专家与读者批评指正。

2021 年 10 月

目 录

刘彻

刘彻（前 156—前 87），即汉武帝，西汉第五位皇帝，开创汉武盛世。有《瓠子歌》《天马歌》《悼李夫人赋》等诗文传世。

秋风辞[1]

秋风起兮白云飞，草木黄落兮雁南归。兰有秀兮菊有芳[2]，怀佳人兮不能忘。泛楼船兮济汾河[3]，横中流兮扬素波[4]。箫鼓鸣兮发棹歌[5]，欢乐极兮哀情多。少壮几时兮奈老何！

（《先秦汉魏晋南北朝诗》，中华书局 1983 年）

注释

[1] 辞：韵文的一种。

[2] “兰有”句：“兰有秀”与“菊有芳”，互文见义，意为兰和菊均有秀、有芳。兰、菊比喻佳人。秀，草本植物开花称为“秀”，比喻佳人的美丽。芳，香气，比喻佳人的香气。

[3] 泛：浮，这里译为乘坐。楼船：上面建有几层楼的大船。济：渡过。汾河：黄河支流，在今山西中部。

[4] 中流：中央。扬素波：激起白色的浪花。

[5] 箫鼓鸣：箫和鼓一齐演奏。鸣，发出声响，这里指演奏。发棹（zhào）歌：一边划船一边唱歌。发，唱。棹，船桨。

简析

这首诗清丽隽永，笔调流畅，是汉武帝刘彻祭祀归途中即兴之作，楼船中的歌舞盛宴与人生易老、岁月易逝的悲秋之感形成对照。

汉乐府

乐府，原是中国古代音乐机关的名称，秦代已设立，汉武帝时规模拓展。魏晋以后，古代音乐机关收集整理的歌诗也被称为“乐府”。在宋人郭茂倩《乐府诗集》中，汉乐府歌诗主要见于“郊庙歌辞”“鼓吹曲辞”“相和歌辞”“杂歌谣辞”。

上邪[1]

上邪！我欲与君相知，长命无绝衰[2]。山无陵[3]，江水为竭，冬雷震震[4]，夏雨雪[5]，天地合[6]，乃敢与君绝[7]。

（《乐府诗选》，中华书局 2012 年）

注释

[1] 上邪（yé）：天啊！上，指天。邪，语气助词，表示感叹。

[2]“我欲”与“长命”句：我愿与你相爱，让我们的爱情永不衰绝。相知，相爱。命，古与“令”字通，使。衰，衰减，断绝。

[3] 陵（líng）：山峰，山头。

[4] 震震：形容雷声。

[5] 雨（yù）雪：降雪。雨，名词活用作动词。

[6] 天地合：天与地合二为一。

[7] 乃敢：才敢，“敢”字是委婉的用语。

简析

这是一首乐府情歌，女主人公以自然界中五种不可能出现的现象来表白自己忠贞不渝的爱情，充满了磐石般坚定的信念和火焰般炽热的激情。

长歌行[1]

青青园中葵[2]，朝露待日晞[3]。阳春布德泽[4]，万物生光辉。常恐秋节至[5]，焜黄华叶衰[6]。百川东到海[7]，何时复西归[8]？少壮不努力[9]，老大徒伤悲[10]！

（《乐府诗集》，中华书局 1979 年）

注释

[1] 长歌行：汉乐府曲名，属相和歌辞中的平调曲。

[2] 葵：古代的一种蔬菜。《诗经·豳风·七月》有“七月亨葵及菽”。李时珍《本草纲目》记载：“有紫茎、白茎二种，以白茎为胜。大叶小花，花紫黄色，其最小者名鸭脚葵。”

[3] 朝露：清晨的露水。晞（xī）：干，这里是动词，晒干。

[4] 阳春：温暖的春天。布：布施，给予。德泽：恩惠。

[5] 秋节：秋季。

[6] 焜（kūn）黄：形容草木凋落枯黄的样子。华（huā）：同“花”。衰：衰败，枯萎。

[7] 百川：很多条河流。

[8] 复：又。西归：向西返回。

[9] 少壮：年轻力壮，指青少年时代。

[10] 老大：指年老了，老年。徒：白白地。

简析

这首乐府古诗表达了人生应该及时努力的哲理。古诗由景入情，从春天园中生机勃勃的葵菜在秋天会枯萎衰败的自然景象联想到人生易老的现实，因此作者生发出及时努力的人生感慨。末两句成为千百年来人们诫勉青少年勤奋努力的名句。

古诗十九首

《古诗十九首》，作者佚名，始载于南朝梁萧统所编《文选》“杂诗”类，诗题遂沿用至今。据近代学者论断这十九首诗并非一人一时之作，创作年代大约在东汉后期至建安前期。

行行重行行[1]

行行重行行，与君生别离[2]。相去万余里，各在天一涯[3]。道路阻且长[4]，会面安可知。胡马依北风，越鸟巢南枝[5]。相去日已远，衣带日已缓[6]。浮云蔽白日，游子不顾返[7]。思君令人老，岁月忽已晚。弃捐勿复道[8]，努力加餐饭[9]。

（《先秦汉魏晋南北朝诗》，中华书局 1983 年）

注释

[1] 重行行：走了又走，走个不停。

[2] 生别离：活生生地分离。

[3] 天一涯：指天边。涯，边。

[4] 阻且长：艰险而且遥远。

[5] “胡马”与“越鸟”句：胡马南来后仍依恋于北风，越鸟北飞后仍筑巢于南向的树枝。指这些鸟兽眷恋故土。胡马，北方的马。古时称北方少数民族为胡。越鸟，指南方的鸟，越指南方百越。

[6] 缓：宽松。

[7] 顾：顾念。

[8]“弃捐”句：什么都撇开，不必再说了。捐，弃。

[9]“努力”句：有两说。一说此话是对游子说，希望他在外努力加餐，多加保重。另一说此话是思妇自我安慰，我还是努力加餐，保养好身体，也许将来还有相见的机会。

简析

这首诗是《古诗十九首》第一首，全诗语言明白晓畅，如叙家常，娓娓道来，通过塑造典型意象及运用比兴手法，表达了妻子对丈夫的深切思念之情。

西北有高楼

西北有高楼，上与浮云齐。交疏结绮窗[1]，阿阁三重阶[2]。上有弦歌声，音响一何悲！谁能为此曲，无乃杞梁妻[3]。清商随风发[4]，中曲正徘徊[5]。一弹再三叹，慷慨有余哀[6]。不惜歌者苦[7]，但伤知音稀[8]。愿为双鸿鹄，奋翅起高飞[9]。

（《先秦汉魏晋南北朝诗》，中华书局 1983 年）

注释

[1]“交疏”句：刻镂交错成雕花格子的窗。疏，镂刻。绮，有花纹的丝织物。

[2]“阿（ē）阁”句：阿阁建在有多层阶梯的高台上。阿阁，四面有曲檐的楼阁。

[3] 无乃：莫非，大概。杞梁妻：杞梁妻的故事最早见于《左传·襄公二十三年》，后来许多书都有记载。据说齐国大夫杞梁，出征莒（Jǔ）国，战死在莒国城下。其妻临尸痛哭，一连哭了十个日夜，连城也被她哭塌了。《琴曲》有《杞梁妻叹》，《琴操》说是杞梁妻作，《古今注》说是杞梁妻妹朝日所作。

[4] 清商：乐曲名，声情悲怨。清商曲音清越，宜于表现哀怨的情绪。

[5] 中曲：乐曲的中段。徘徊：指乐曲旋律回环往复。

[6] 慷慨：感慨、悲叹的意思。《说文》：“壮士不得志于心也。”

[7] 惜：悲伤，感叹。

[8] 知音：识曲的人，借指知心的人。

[9]“愿为”与“奋翅”句：愿我们像一双鸿鹄（hú），展翅高飞，自由翱翔。以双鸿鹄比喻情志相通的人，意谓愿与歌者同心，如双鹄高飞，一起追求美好的理想。鸿鹄，据

朱骏声《说文通训定声》:“凡鸿鹄连文者即鹄。”鹄，就是天鹅。一作“鸣鹤”。高飞，远飞。

简析

此诗借琴音之悲表达了作者无以言表的苦闷之情，诗篇结尾以双鸿鹄展翅高飞的意象表达了自己渴望遇到知音的迫切之情，也体现了汉末文人政治上的悲忧与迷茫。全诗融情于景，运用典故以及比喻等手法，琴声描写缥缈空灵，情感表达凄切委婉。

迢迢牵牛星[1]

迢迢牵牛星，皎皎河汉女[2]。纤纤擢素手[3]，札札弄机杼[4]。终日不成章[5]，泣涕零如雨[6]。河汉清且浅[7]，相去复几许[8]！盈盈一水间[9]，脉脉不得语[10]。

（《先秦汉魏晋南北朝诗》，中华书局 1983 年）

注释

[1] 迢（tiáo）迢：遥远的样子。牵牛星：河鼓三星之一，隔银河与织女星相对，俗称“牛郎星”，是天鹰星座的主星。

[2] 皎（jiǎo）皎：明亮的样子。河汉女：指织女星，是天琴星座的主星，与牵牛星隔河相对。河汉，即银河。

[3] 纤纤：纤细柔长的样子。擢（zhuó）：伸出。素：洁白。

[4] 札（zhá）札：象声词，织机声。弄：摆弄。杼（zhù）：织布机上的梭子。

[5]“终日”句：织女因相思而无心织布。章，指布帛上的经纬纹理，这里指整幅的布帛。

[6] 零：落下。

[7] 清且浅：清又浅。

[8] 相去：相离，相隔。去，距离。复几许：又能有多远。

[9] 盈盈：水清澈、晶莹的样子。一说形容织女，《文选》六臣注：“盈盈，端丽貌。”水：指银河。间（jiàn）：间隔。

[10] 脉（mò）脉：含情相视的样子。

简析

这首诗借用牛郎织女的民间故事，通过描写织女爱而不得见的痛苦生活表达了作者爱情受挫的苦闷心情。诗歌构思精巧，大量使用叠音词，音调和谐。

陶渊明

陶渊明（365—427），字元亮，又名潜，私谥靖节，世称靖节先生，浔阳柴桑（今江西九江）人。曾任彭泽县令，因此又称“陶彭泽”。以田园诗著称，被称为“古今隐逸诗人之宗”。有《陶渊明集》。

归园田居（其一）

少无适俗韵[1]，性本爱丘山。误落尘网中[2]，一去三十年[3]。羁鸟恋旧林，池鱼思故渊[4]。开荒南野际[5]，守拙归园田[6]。方宅十余亩[7]，草屋八九间。榆柳荫后檐[8]，桃李罗堂前[9]。暧暧远人村[10]，依依墟里烟[11]。狗吠深巷中，鸡鸣桑树颠[12]。户庭无尘杂[13]，虚室有余闲[14]。久在樊笼里[15]，复得返自然[16]。

（《陶渊明集》，中华书局 1979 年）

注释

[1] 少：指少年时代。适俗：适应世俗。韵：本性，气质。一作“愿”。

[2] 尘网：尘世，这里指仕途。陶渊明觉得官府生活就像罗网一样不自在。

[3] 三十年：有人认为是“十三年”之误（陶渊明做官十三年）。一说，此处是三又十年之意，习惯说法应是十又三年，为照顾平仄改为倒文。

[4]“羁（jī）鸟”与“池鱼”句：借喻自己怀恋旧居。羁鸟，笼中之鸟。恋，留恋。一作“眷”。池鱼，池塘中的鱼。

[5] 野：田野，原野。一作“亩”。际：间。

[6] 守拙（zhuō）：固守节操，不随波逐流。

[7] 方宅：宅地方圆。一说“方”通“旁”。

[8] 荫（yìn）：荫蔽。

[9] 罗：罗列，排列。

[10] 暧暧（ài）：昏暗，模糊。

[11] 依依：轻柔而缓慢地飘升。墟（xū）里：村落。

[12] 颠：同“巅”，顶。

[13] 户庭：门庭。尘杂：尘俗杂事。

[14] 虚室：空室。余闲：闲暇。

[15] 樊（fán）笼：蓄鸟工具，这里比喻官场生活。樊，藩篱，栅栏。

[16] 返自然：指归耕园田。

简析

这首诗是陶渊明《归园田居》组诗第一首，描写了作者辞官后恬淡闲适的隐居生活，表现了他对田园生活的热爱和仕宦生活的厌倦，体现了陶渊明追求自由、安于清贫、超脱世俗的美好情操。

归园田居（其三）

种豆南山下[1]，草盛豆苗稀[2]。晨兴理荒秽[3]，带月荷锄归[4]。道狭草木长[5]，夕露沾我衣[6]。衣沾不足惜[7]，但使愿无违[8]。

（《陶渊明集》，中华书局 1979 年）

注释

[1] 南山：南面的山，一说指庐山。

[2] 盛：茂盛。稀：稀少。

[3] 兴：起床。理：处理，这里可译为拔、除。荒秽：形容词作名词，指豆苗里的杂草。

[4] 荷（hè）锄：扛着锄头。荷，扛着。

[5] 狭：狭窄。草木长：草木丛生。

[6] 沾：（露水）打湿。

[7] 足：值得。

[8] 但：只。愿：意愿。这里指作者对自由闲适生活的向往。违：违背。

简析

这首诗是陶渊明《归园田居》组诗的第三首。全诗描述了一次早出晚归的除草劳作，语言平淡而意境醇美。特别是“带月荷锄归”，勾勒出一幅恬静愉快的田园劳作图画，表现了作者内心的愉悦和对隐逸生活的肯定与赞美。

饮酒（其五）

结庐在人境[1]，而无车马喧[2]。问君何能尔[3]？心远地自偏[4]。采菊东篱下[5]，悠然见南山[6]。山气日夕佳[7]，飞鸟相与还[8]。此中有真意[9]，欲辨已忘言[10]。

（《陶渊明集》，中华书局 1979 年）

注释

[1] 结：建造，修建。庐：简陋的房屋。人境：人聚居的地方，热闹的地方。

[2] 喧：喧闹。

[3] 何能：如何能做到。尔：这样。

[4] “心远”句：如果心能够超脱世俗，即使住在闹市也像住在偏僻的地方一样宁静。

[5] 东篱：东边的篱笆。

[6] 悠然：自得的样子。

[7] 山气：指山景。日夕：傍晚。佳：美好。

[8] 相与：相交，结伴。

[9] 真意：指人生的真正意义。

[10] “欲辨”句：想要辨识却不知怎样表达。辨，辨识，分辨。

简析

这首诗是陶渊明《饮酒》组诗第五首。这首诗充分体现了陶渊明冲淡宁静的人生追求，也透露出魏晋时代追求真情真意的审美风尚。全诗语言平淡冲和，意境悠远，特别是“采菊东篱下，悠然见南山”两句，自然平静的生活状态跃然面前，从而成为千古名句。

杂诗（其一）

人生无根蒂，飘如陌上尘[1]。分散逐风转，此已非常身[2]。落地为兄弟[3]，何必骨肉亲[4]？得欢当作乐，斗酒聚比邻[5]。盛年不重来[6]，一日难再晨。及时当勉励[7]，岁月不待人[8]。

（《陶渊明集》，中华书局 1979 年）

注释

[1]“人生”与“飘如”句：人生在世没有依靠，漂泊如路上的尘土。蒂（dì）：花与枝茎相连的部分。陌，东西的路，这里泛指路。

[2] 此：指此身。非常身：不是经久不变的身，即不再是盛年之身。

[3] 落地：刚生下来。

[4]“何必”句：何必亲生的同胞弟兄才能相亲呢？意思是世人都应当视同兄弟。

[5]“得欢”与“斗酒”句：要及时行乐，以酒欢会。斗，酒器。聚，欢聚。比邻，近邻。

[6] 盛年：壮年。

[7] 及时：趁盛年之时。勉励：努力。

[8] 待：等待。

简析

陶渊明的《杂诗》共十二首，这是第一首。慨叹人生无常，感喟生命短暂，是这组《杂诗》的基调。前六句重在写人生无常，命运不可控，后六句表达了诗人要及时行乐的强烈愿望。这一思想代表了魏晋文人的集体心声，饱含着这一群体对乱世的敏感与无奈。

读山海经（其一）[1]

孟夏草木长[2]，绕屋树扶疏[3]。众鸟欣有托[4]，吾亦爱吾庐。既耕亦已种，时还读我书。穷巷隔深辙[5]，颇回故人车[6]。欢然酌春酒[7]，摘我园中蔬。微雨从东来[8]，好风与之俱[9]。泛览周王传[10]，流观山海图[11]。俯仰终宇宙[12]，不乐复何如[13]！

（《陶渊明集》，中华书局 1979 年）

注释

[1] 山海经：一部记述古代山川异物、神话传说的书。

[2] 孟夏：初夏。

[3] 扶疏：枝叶繁茂。

[4] “众鸟”句：言众鸟因有树可依而欣喜。欣，高兴，喜悦。托，依靠。

[5] 穷巷：陋巷。隔：隔绝。深辙：大车碾轧痕迹，代指贵者所乘之车。

[6] “颇回”句：经常有老朋友的车来。另有一种说法为经常回绝老朋友来探望的车。回，掉头。

[7] 欢然：高兴的样子。酌：喝，饮。

[8] 微雨：小雨。

[9] 与之俱：和雨一起来。

[10] 泛览：浏览。周王传：指《穆天子传》，写周穆王的有关传说。

[11] 流观：浏览。山海图：《山海经图》。古人疑《山海经》依图画而作。

[12] “俯仰”句：顷刻间遍游宇宙。俯仰，俯仰之间，指时间短暂。终，遍游。

[13]“不乐”句：又怎么能不快乐呢?

简析

陶渊明《读山海经》组诗共十三首，此为第一首。这首诗写诗人怡然自得的隐居生活。前四句写诗人对自己草庐的喜爱，中间八句写诗人在耕作之余读书、会友的恬静生活，最后四句写读书给他带来的无限愉悦之情。诗人对耕读生活的喜爱溢于言表。

读山海经（其十）

精卫衔微木[1]，将以填沧海。刑天舞干戚[2]，猛志固常在。同物既无虑[3]，化去不复悔[4]。徒设在昔心，良辰讵可待[5]。

（《陶渊明集》，中华书局 1979 年）

注释

[1] 精卫：古代神话中鸟名。据《山海经・北山经》及《述异记》卷上记载，古代炎帝之女精卫，因游东海淹死，灵魂化为鸟，经常衔木石去填东海。衔：用嘴含。微木：细木。

[2] 刑天：神话人物。《山海经・海外西经》记载，因和天帝争权，刑天失败后被砍去了头，但不甘屈服，以两乳为目，以肚脐当嘴，仍然挥舞着盾牌和板斧战斗，死后被埋在常羊山。

[3] 同物：道家主张生死齐一，物我齐一。精卫化为鸟，作者认为鸟与精卫是齐一的、一样的，所以没有什么可忧虑的。

[4]“化去”句：刑天已被杀死，化为异物，但他对以往和天帝争神之事并不悔恨。

[5]“徒设”与“良辰”句：精卫和刑天徒然存有昔日的猛志，但实现他们理想的好日子岂是等待能得到的！徒，徒然，白白地。在昔心，过去的雄心壮志。良辰，实现壮志的好日子。讵（jù），岂。

简析

陶渊明借两个神话故事赞美了“知其不可而为之”的精神，并表达了为理想不惜付出生命的决心。全诗的最后作者笔锋一转，流露出理想不可实现的失落情绪，营造出浓厚的悲壮效果。

拟挽歌辞（其三）

荒草何茫茫[1]，白杨亦萧萧[2]。严霜九月中[3]，送我出远郊[4]。四面无人居[5]，高坟正嶕峣[6]。马为仰天鸣，风为自萧条。幽室一已闭[7]，千年不复朝[8]。千年不复朝，贤达无奈何！向来相送人[9]，各自还其家。亲戚或余悲[10]，他人亦已歌。死去何所道[11]，托体同山阿[12]。

（《陶渊明集》，中华书局 1979 年）

注释

[1] 何：何其，多么。茫茫：无边无际的样子。

[2] 萧萧：风吹树叶声，或指秋冬季白杨树叶落下后的萧索景象。

[3] 严霜：寒霜，浓霜。

[4] “送我”句：指出殡送葬。

[5] 无人居：指荒无人烟。

[6] 嶕峣（jiāoyáo）：高耸的样子。

[7] 幽室：指墓穴。

[8] 朝（zhāo）：朝阳，这里用作动词，看见朝阳。

[9] 向来：刚才。

[10] 亲戚：家人和亲戚。或：有的人。

[11] 何所道：有什么可说的呢?

[12] 山阿（ē）：山陵。

简析

《拟挽歌辞》共三首，这是第三首。这是陶渊明六十三岁时的作品，写后两月即逝世。作品构思独特，以死者的口吻描述了整个送葬过程，突显出凄凉氛围。面对漆黑的墓穴，作者不由得发出贤愚同归的感慨，同时也在接受死后被他人遗忘的现实。

王勃

王勃（650—676），字子安，绛州龙门（今山西河津）人。与杨炯、卢照邻、骆宾王并称“初唐四杰”。有《王子安集》。

送杜少府之任蜀州[1]

城阙辅三秦[2]，风烟望五津[3]。与君离别意，同是宦游人[4]。海内存知己[5]，天涯若比邻[6]。无为在歧路[7]，儿女共沾巾[8]。

（《王子安集注》，上海古籍出版社 1995 年）

注释

[1] 少府：官名。之：到，往。

[2]“城阙（què）”句：倒装句，意思是京师长安有三秦作保护。城阙，即城楼，指唐代京师长安城。辅，护卫。三秦，指长安城附近关中之地，即现在陕西潼关以西一带。秦末，项羽破秦，把关中分为雍、塞、翟三国，分别封给三个秦国降将，称三秦。

[3]“风烟”句：在风云烟雾中遥望蜀州。风烟，名词用作状语，可译为在风烟中。五津，指岷江五个渡口——白华津、万里津、江首津、涉头津、江南津。这里泛指蜀州。

[4] 宦（huàn）游：出外做官。

[5] 海内：四海之内，即全国各地。

[6] 天涯：天边，这里比喻极远的地方。比邻：近邻。

[7] 无为：无须，不必。歧（qí）路：岔路。

[8] 沾巾：泪水沾湿衣带。

简析

王勃的这首送别诗一改送别诗感伤惆怅的格调，英姿勃发，映射出初唐蓬勃向上的气象。这首诗首联对仗工整，颔联跌宕曲折，颈联异峰突起，铸成千古名句，尾联意境开阔，是古今送别诗中的佼佼者。

孟浩然

孟浩然（689—740），字浩然，以字行，襄州襄阳（今属湖北）人。与王维并称“王孟”。有《孟浩然诗集》。

望洞庭湖赠张丞相[1]

八月湖水平[2]，涵虚混太清[3]。气蒸云梦泽[4]，波撼岳阳城[5]。欲济无舟楫[6]，端居耻圣明[7]。坐观垂钓者[8]，徒有羡鱼情[9]。

（《孟浩然集》，上海书店 1989 年）

注释

[1] 望洞庭湖赠张丞相：一作《临洞庭》。洞庭湖，在今湖南北部，长江南岸。张丞相，张九龄，唐玄宗开元二十二年（734）至二十四年（736）为宰相。

[2] 湖水平：八月长江水涨，湖水漫溢，与岸齐平。平，此指秋天湖水上涨，水面与岸齐平。

[3] “涵虚”句：指水天一色。涵，包涵，包容。虚，虚空，即天空。太清，道家称天为太清。

[4] 气蒸：水气蒸腾。云梦泽：即古代云、梦二泽。云泽在江北，梦泽在江南，后大都淤成了陆地。此指洞庭湖。

[5] 撼：撼动。此为拍击之意。岳阳城：在洞庭湖东岸。

[6] 济：渡过（洞庭湖）。楫：船桨。

[7] 端居：指隐居。耻：因为上有圣明之君而不去报国，感觉有愧，故曰“耻”。圣明：指升平时代。古人认为皇帝圣明则天下太平。

[8] 垂钓者：钓鱼的人。这里指执政者。

[9] 羡鱼情：比喻自己有出仕的愿望，意思是希望得到张九龄援引。

简析

这是一首干谒诗。孟浩然西游长安时写这首诗赠给当时的丞相张九龄，希望得到赏识和任用。这首诗前四句写洞庭湖景象，气势磅礴，后四句表达自己的政治理想。全诗含蓄委婉，不落俗套。

过故人庄[1]

故人具鸡黍[2]，邀我至田家[3]。绿树村边合[4]，青山郭外斜[5]。开轩面场圃[6]，把酒话桑麻[7]。待到重阳日[8]，还来就菊花[9]。

（《唐诗三百首》，中华书局 1984 年）

注释

[1] 过：拜访。故人庄：老朋友的田庄。庄，田庄。

[2] 具：准备，置办。鸡黍（shǔ）：鸡肉和黄米饭，指农家待客的丰盛饭食。黍，黄米，古代认为是上等粮食。

[3] 邀：邀请。至：到。

[4] 合：环绕。

[5] 郭：古代城墙有内外两重，内为城，外为郭。这里指村庄的外墙。斜：倾斜。

[6] 开：打开，开启。轩：窗户。面：面对。场：打谷场，稻场。圃：菜园。

[7] 把酒：端着酒具，指饮酒。把，拿起，端起。话桑麻：闲谈农事。桑麻，桑树和麻，这里泛指庄稼。

[8] 重阳日：指农历九月初九。古人在这一天有登高、饮菊花酒的习俗。

[9] 还（huán）：返，回。就菊花：指饮菊花酒，也是赏菊的意思。就，靠近，指做某事。

简析

这是一首描写农家待客场景的田园诗。全诗自然流畅，语言亲切省净，意境清新醇厚，表现了农家生活的质朴恬静以及作者对这种生活的向往之情。

王湾

王湾（693？—751？），字不详，洛阳（今属河南）人。唐玄宗先天年间进士及第，授洛阳尉。现存诗10首。

次北固山下[1]

客路青山下[2]，行舟绿水前。潮平两岸阔[3]，风正一帆悬[4]。海日生残夜[5]，江春入旧年[6]。乡书何处达[7]，归雁洛阳边[8]。

[《全唐诗》（增订本），中华书局1999年]

注释

[1] 次：停留。北固山：山名，在今江苏镇江北。

[2] 客路：旅人前行的路。

[3] 潮平：江水涨潮与两岸齐平。

[4] 风正：顺风。悬：挂。

[5] 海日：海上的旭日。生：升起。残夜：夜将尽时。

[6] “江春”句：还没到新年江南就有了春天的音讯。入，到。

[7] 乡书：家信。

[8] “归雁”句：希望北归的大雁能将家信带到故乡洛阳。古时传说雁能带信。

简析

这首诗写冬末春初的江中旅行，即景生情而起乡愁。全诗格调壮美，意境开阔。特别是“海日生残夜，江春入旧年”两句妙绝千古，在当时就已广为流传。

王维

王维（701?—761），字摩诘，原籍太原祁（今属山西），迁于蒲州（今山西永济）。官至尚书右丞，世称王右丞。与孟浩然并称“王孟”。有《王右丞集》。

使至塞上[1]

单车欲问边[2]，属国过居延[3]。征蓬出汉塞[4]，归雁入胡天[5]。大漠孤烟直[6]，长河落日圆[7]。萧关逢候骑，都护在燕然[8]。

（《王右丞集笺注》，上海古籍出版社1961年）

注释

[1] 使至塞上：奉命出使来到边塞。使，奉命出使。

[2] 单车：一辆车，车辆少，这里形容轻车简从。问边：到边塞去察看，指慰问守卫边疆的官兵。

[3] 属国：古代官名典属国的简称。汉代称负责外交事务的官员为典属国，这里诗人用来指自己的身份。居延：地名，汉代称居延泽，唐代称居延海，在今内蒙古额济纳旗北境。又西汉张掖郡有居延县（《汉书·地理志》），故城在今额济纳旗东南。又东汉凉州刺史部有张掖居延属国，辖境在居延泽一带。一般注本均言王维路过居延，然而王维此次出使，实际上无须经过居延，因而林庚、冯沅君主编《中国历代诗歌选》认为此句是写唐王朝“边塞的辽阔，附属国直到居延以外”。

[4] 征蓬：随风飘飞的枯蓬，此处为诗人自喻。

[5] 胡天：胡人的领空。归雁：因季节是春天，雁北飞，故称“入胡天”。诗人自喻像一

只大雁飞入胡人地区。

[6] 大漠：大沙漠，此处大约是指凉州之北的沙漠。孤烟：赵殿成注有二解：一云古代边防报警时燃狼粪，“其烟直而聚，虽风吹之不散”；二云塞外多旋风，“袅烟沙而直上”。据后人有到甘肃、新疆实地考察者证实，确有旋风如“孤烟直上”。又，孤烟也可能是唐代边防使用的平安火。《通典》卷二一八云：“及暮，平安火不至。”胡三省注：“《六典》：唐镇戍烽候所至，大率相去三十里，每日初夜，放烟一炬，谓之平安火。”

[7] 长河：黄河。

[8] “萧关”与“都护”句：在途中遇到候骑，得知主帅破敌后尚在前线未归。萧关，古关名，故址在今宁夏固原东南。候骑，负责侦察、通讯的骑兵。王维出使河西并不经过萧关，此处大概是用何逊诗“候骑出萧关，追兵赴马邑”之意，非实写。都护，官名。唐朝在西北置安西、安北等六大都护府，每府派大都护一人，副都护二人，负责辖区一切事务。这里指河西节度使。燕然，古山名，即今蒙古国杭爱山。这里代指前线。《后汉书·窦宪传》：宪率军大破单于军，遂登燕然山，去塞三千余里，刻石勒功，纪汉威德，令班固作铭。

简析

开元二十五年（737），王维以监察御史身份奉命赴河西节度使府慰问将士，途中作此诗。全诗前四句交代了出使事由，后四句描述了边疆风光及见闻。尤其是第五、六句，如同一幅图画，展现了边疆大漠壮阔雄奇的景象，境界阔大，气象雄浑，苍凉感油然而生。

山居秋暝[1]

空山新雨后[2]，天气晚来秋[3]。明月松间照，清泉石上流。竹喧归浣女[4]，莲动下渔舟[5]。随意春芳歇，王孙自可留[6]。

（《王右丞集笺注》，上海古籍出版社 1961 年）

注释

[1] 暝：日落，夜晚。

[2] 空山：空旷，空寂的山野。新：刚刚。

[3] 晚来秋：秋天的傍晚。

[4] 竹喧：竹林中笑语喧哗。喧，喧哗，这里指洗衣服姑娘的欢笑声。浣（huàn）：洗衣服。

[5]“莲动”句：意谓溪中莲花动荡，知是渔船沿水下行。

[6]“随意”与“王孙”句：反用《楚辞·招隐士》“王孙兮归来，山中兮不可以久留”句意。意谓任凭春芳消散，王孙也可以久留，因为秋色同样迷人，使人留恋。随意，任凭。春芳歇，春天的芳华凋谢了。歇，消散。王孙，原指贵族子弟，后来也泛指隐居的人，此处指诗人。留，居。

简析

这首诗是王维田园诗代表作之一，描写山村傍晚时分秋雨初霁的景色。全诗清新宁静，体现了人与自然的和谐交融。颔联两句动静结合，构成一幅静谧的山水图。全诗表现了作者对山居生活的无限留恋。

渭川田家[1]

斜光照墟落[2]，穷巷牛羊归[3]。野老念牧童[4]，倚杖候荆扉[5]。雉雊麦苗秀[6]，蚕眠桑叶稀[7]。田夫荷锄立[8]，相见语依依[9]。即此羡闲逸[10]，怅然歌《式微》[11]。

（《王右丞集笺注》，上海古籍出版社 1961 年）

注释

[1] 渭川：一作“渭水”。渭水源于甘肃鸟鼠山，经陕西，流入黄河。田家：农家。

[2] 墟（xū）落：村庄。斜光：一作“斜阳”。

[3] 穷巷：深巷。

[4] 野老：村野老人。念：惦念，惦记。牧童：一作“僮仆”。

[5] 倚杖：靠着拐杖。荆扉（fēi）：柴门。

[6] 雉雊（zhìgòu）：野鸡鸣叫。《诗经·小雅·小弁》：“雉之朝雊，尚求其雌。”

[7] 蚕眠：蚕蜕皮时，不食不动，像睡眠一样。

[8] 立：一作“至”。

[9] 依依：依依不舍。

[10] 即此：指上面所说的情景。

[11]《式微》:《诗经》篇名，其中有“式微，式微，胡不归”之句，表归隐之意。

简析

这是王维的一首很有代表性的田园诗，继承了陶渊明《归园田居》的艺术风格。全诗意境恬淡自然，宁静祥和，表达了作者对这种田园牧歌式生活的喜爱和向往，尾联透露出其渴望归隐的愿望。

李白

李白（701—762），字太白，号青莲居士，原籍陇西成纪（今甘肃静宁西南）。唐玄宗时供奉翰林，世称李翰林。与杜甫并称“李杜”。有《李太白全集》。

将进酒[1]

君不见黄河之水天上来[2]，奔流到海不复回。君不见高堂明镜悲白发[3]，朝如青丝暮成雪[4]。人生得意须尽欢[5]，莫使金樽空对月[6]。天生我材必有用，千金散尽还复来。烹羊宰牛且为乐，会须一饮三百杯[7]。岑夫子[8]，丹丘生[9]，将进酒，杯莫停。与君歌一曲[10]，请君为我倾耳听[11]。钟鼓馔玉何足贵[12]，但愿长醉不愿醒[13]。古来圣贤皆寂寞，唯有饮者留其名[14]。陈王昔时宴平乐[15]，斗酒十千恣欢谑[16]。主人何为言少钱[17]，径须沽取对君酌[18]。五花马[19]、千金裘，呼儿将出换美酒，与尔同销万古愁[20]。

（《唐诗三百首》，中华书局 1984 年）

注释

[1] 将（qiāng）进酒：汉乐府旧题。将，请。

[2] 君不见：乐府常用语。天上来：黄河发源于青海，因那里地势极高，故称。

[3] 高堂：指父母。

[4] “朝如”句：意为年迈的父母明镜中看到了自己的白发而悲伤。青丝，黑发。

[5] 得意：适意高兴的时候。

[6] 金樽（zūn）：华美的酒器。樽，古代盛酒的器具。

[7] 会须：应当。会、须，皆有应当的意思。

[8] 岑（Cén）夫子：指岑勋，李白的好友。

[9] 丹丘生：元丹丘，李白的好友。

[10] 与君：给你们，为你们。君，指岑、元二人。

[11] 倾耳听：一作“侧耳听”。

[12] 钟鼓：富贵人家宴会中奏乐使用的乐器。馔（zhuàn）玉：美好的食物。形容食物如玉一样精美。馔，饮食。玉，像玉一般美好。

[13] 不愿醒：也有版本为“不复醒”或“不用醒”。

[14] 唯：只有。

[15] 陈王：指陈思王曹植。平乐：观名。在洛阳西门外，为汉代富豪显贵的娱乐场所。

[16] 恣（zì）：放纵，无拘无束。谑（xuè）：玩笑。

[17] 言少钱：一作“言钱少”。

[18] 径须：只需，只管。沽（gū）：通“酤”，买或卖，这里指买。

[19] 五花马：指名贵的马。一说毛色作五花纹，一说颈上长毛修剪成五瓣。

[20] 尔：你。销：同“消”。

简析

这首诗大约作于天宝十一年（752），李白当时跟岑勋曾多次应邀到嵩山（在今河南登封境内）元丹丘家里做客。这首诗笔酣墨饱，情极悲愤而作狂放，语极豪纵而又沉着，纵情享乐之下仍然掩盖不住李白的万古悲愁。但李白能够达到悲而不伤，悲而能壮。全篇大起大落，诗情忽翕忽张，如大河奔流，有气势，亦有曲折，纵横捭阖，力能扛鼎。

行路难[1]

金樽清酒斗十千[2]，玉盘珍羞直万钱[3]。停杯投箸不能食，拔剑四顾心茫然[4]。欲渡黄河冰塞川，将登太行雪满山。闲来垂钓碧溪上[5]，忽复乘舟梦日边[6]。

行路难，行路难，多歧路[7]，今安在？长风破浪会有时，直挂云帆济沧海。

（《李太白全集》，中华书局 2015 年）

注释

[1] 行路难：古乐府“杂曲歌辞”调名，内容多写世路艰难和离别悲伤之意。

[2] 斗十千：每斗十千钱，形容酒价昂贵。

[3] 珍羞：珍贵的菜肴。羞，同“馐”。直：同“值”。

[4]“停杯”与“拔剑”句：化用鲍照《行路难》中“对案不能食，拔剑击柱长叹息”句。

[5]“闲来”句：传说吕尚（姜太公）未遇周文王时，曾一度垂钓于磻溪（今陕西宝鸡东南）。

[6]“忽复”句：相传伊尹在商汤聘请前夕，梦见自己乘船经过日月旁。吕尚和伊尹都曾辅佐帝王建立不朽功业，李白借此表明对自己的政治前途仍存极大希望。

[7] 歧路：岔路。

简析

这首诗写李白因受排挤在去留京城之间犹豫徘徊。诗中用“冰塞川”“雪满山”等意象表达仕途的重重阻碍和他的苦闷彷徨。但李白终究是乐观豁达的，他在彷徨之后以“长风破浪会有时，直挂云帆济沧海”忽开异境，波澜起伏，跌宕多姿。

关山月[1]

明月出天山[2]，苍茫云海间。长风几万里，吹度玉门关[3]。汉下白登道[4]，胡窥青海湾[5]。由来征战地[6]，不见有人还。戍客望边色[7]，思归多苦颜。高楼当此夜[8]，叹息未应闲。

（《李太白全集》，中华书局 2015 年）

注释

[1] 关山月：乐府旧题，属横吹曲辞，多用来抒发离别哀伤之情。

[2] 天山：祁连山，位于甘肃和新疆之间。匈奴语呼天为“祁连”，故祁连山亦称天山。

[3] 玉门关：古代通往西域的要道，故址在今甘肃敦煌西北。此处泛指西北边地。

[4] 下：指出兵。白登：在今山西大同东。汉高祖刘邦领兵攻打匈奴，被匈奴围困在白登山七天。

[5] 胡：这里指吐蕃。窥（kuī）：窥伺，侵扰。青海湾：今青海湖。

[6] 由来：自始以来，历来。

[7] 戍客：驻守边塞的士兵。

[8] 高楼：古诗中多以高楼指闺阁，此处指住在高楼中的戍客之妻。

简析

这首诗描绘了一幅凄清苍凉的月夜图。诗人将战士的思乡、家人的思亲融于广阔苍茫的景色里，使得景因情而怨，情因景更伤，表达了诗人对守边士兵的关切以及对和平的向往。

菩萨蛮[1]

平林漠漠烟如织[2]，寒山一带伤心碧[3]。暝色入高楼[4]，有人楼上愁。

玉阶空伫立[5]，宿鸟归飞急[6]，何处是归程？长亭连短亭[7]。

（《李白全集校注汇释集评》，百花文艺出版社 1996 年）

注释

[1] 菩萨蛮：词牌名。

[2] 平林：平原上的树林。漠漠：迷蒙，因被暮霭笼罩显得雾气腾腾、朦朦胧胧。烟如织：暮烟浓密。

[3] 伤心碧：绿得令人伤心。一说“伤心”表示程度，与“极”同义。

[4] 暝（míng）色：夜色。

[5] 玉阶：玉砌的台阶。这里指华美的台阶。伫（zhù）立：长时间站立。

[6] 宿鸟：傍晚的鸟。归：一作“回”。

[7] 长亭、短亭：古代设在路边供行人休息的亭舍。十里设一长亭，五里设一短亭。

简析

这首词弥漫着强烈的空寂惆怅之感。上半阕的景色描写均为冷色调，突出了一个“愁”字。这种情绪在下半阕因急归的飞鸟而发酵强化，尾句“长亭连短亭”的意象更令这种愁绪绵绵无期。

忆秦娥[1]

箫声咽[2]，秦娥梦断秦楼月[3]。秦楼月，年年柳色，灞陵伤别[4]。

乐游原上清秋节[5]，咸阳古道音尘绝[6]。音尘绝，西风残照[7]，汉家陵阙[8]。

（《李白全集校注汇释集评》，百花文艺出版社 1996 年）

注释

[1] 忆秦娥：词牌名。两宋之交邵博《邵氏闻见后录》始称为李白所作，明代以来屡有质疑者。

[2] 咽：呜咽的悲声。

[3] 秦娥：此处泛指秦地美貌女子。娥，扬雄《方言》卷二："秦晋之间美貌谓之娥。"梦断：梦醒。

[4] 灞（bà）陵：又作"霸陵"，汉文帝刘恒陵墓，故址在今陕西西安东。汉代东出函谷关，必经此地，故送行的人常在此折杨柳赠别。

[5] 乐游原：一作"乐游园"，是汉宣帝乐游苑故址，在今西安市南。其地势较高，可俯瞰长安城，汉唐两代京城仕女多于三月三日、九月九日到此游玩。清秋节：即重阳节。

[6] 咸阳：今陕西咸阳。汉、唐时期，从长安西去，咸阳为必经之地。音尘绝：指车马行进时的声音和带起的烟尘。此指断绝音信。

[7] 西风：指秋风。残照：落日的余晖。

[8] 汉家陵阙：汉朝皇帝的陵墓。咸阳北原上有西汉十一位皇帝的陵墓。陵，一作"宫"。阙，古代宫室、陵墓前的楼观。

简析

这首词伤今怀古，托兴深远，气魄雄伟，实冠古今。古人誉之为“百代词曲之祖”。上阕营造出惨淡迷离的离别之情，下阕抒发了兴衰变迁的沧桑之感。

崔颢

崔颢（704—754），汴州（今河南开封）人，唐玄宗开元十一年（723）进士，曾任太仆寺丞，后改司勋员外郎。有《崔颢集》。

黄鹤楼[1]

昔人已乘黄鹤去，此地空余黄鹤楼。黄鹤一去不复返，白云千载空悠悠[2]。晴川历历汉阳树[3]，芳草萋萋鹦鹉洲[4]。日暮乡关何处是[5]，烟波江上使人愁[6]。

（《唐诗三百首》，中华书局 1984 年）

注释

[1] 黄鹤楼：古代名楼，三国吴黄武二年（223）修建，旧址在湖北武昌黄鹤矶上。

[2] 悠悠：久远的意思。

[3] 晴川：阳光照耀下的晴明江面。历历：清晰、分明的样子。

[4] 萋（qī）萋：草盛貌。鹦鹉洲：在湖北武昌西南。据《后汉书》记载，汉黄祖担任江夏太守时，在此大宴宾客，有人献上鹦鹉，故称鹦鹉洲。

[5] 乡关：故乡家园。

[6] 烟波：暮霭沉沉的江面。

简析

题咏黄鹤楼的作品很多，但崔颢的《黄鹤楼》堪称绝唱。诗虽不协律，但音节浏亮而不拗口，是一首吊古怀乡的佳作。全诗前四句写登临怀古，流露出繁华与热闹逝去后的失落与惆怅之情。后四句写由所见所思勾起的浓浓思乡之情。薄暮的柔美与思乡的幽怨交织在一起，营造出悠远渺茫的意境。

杜甫

杜甫（712—770），字子美，号杜陵布衣、少陵野老，巩县（今河南巩义）人。肃宗时官左拾遗，代宗时官检校工部员外郎，世称杜少陵、杜拾遗、杜工部。与李白并称“李杜”。有《杜工部集》。

望岳

岱宗夫如何[1]，齐鲁青未了[2]。造化钟神秀[3]，阴阳割昏晓[4]。荡胸生曾云[5]，决眦入归鸟[6]。会当凌绝顶[7]，一览众山小。

（《杜诗详注》，中华书局 1979 年）

注释

[1] 岱宗：泰山别名岱，居五岳之首，故又名岱宗。

[2] 齐鲁：古代齐国和鲁国以泰山为界，齐国在泰山之北，鲁国在泰山之南。后用齐鲁指代山东地区。青：苍翠的山色。未了：不尽，不断。

[3] 造化：大自然。钟：赋予，集中。神秀：天地灵气，神奇秀美。

[4] “阴阳”句：形容泰山非常高，山南山北判若黄昏和清晨。阴阳，阴指山的北面，阳指山的南面，这里指泰山南北。割，分开。昏晓，黄昏和清晨。

[5] 荡胸：心胸摇荡。曾：层，重叠。

[6] 决：裂开。眦（zì）：眼角。

[7] 会当：终当，定要。凌：登上。

简析

这首诗作于杜甫的青年时期，气势磅礴，充满朝气。诗人赞美了泰山高大巍峨的气势和神奇秀丽的景色，表达了俯视一切的雄心和兼济天下的凌云壮志。

春望

国破山河在，城春草木深[1]。感时花溅泪[2]，恨别鸟惊心[3]。烽火连三月[4]，家书抵万金[5]。白头搔更短[6]，浑欲不胜簪[7]。

（《杜诗详注》，中华书局 1979 年）

注释

[1] 城：指长安城。深：茂盛，茂密。

[2] 感时：感慨国家的时局。溅泪：流泪。

[3] 恨别：怅恨离别。

[4] 烽火：古时边疆在高台上为报警点燃的烟。这里指安史之乱的战争。 连三月：连续多个月。

[5] 家书：给家里的平安信。抵：值，相当。

[6] 白头：白头发。搔：抓，挠。

[7] 浑：简直。不胜：受不住，不能。簪（zān）：一种束发的首饰。

简析

这首诗充溢着凄苦哀伤之情，反映了诗人忧虑国家、思念家人的情感。全诗对仗工整，格律严谨而不板滞，以仄起仄落的五律正格，写得铿然作响，气度浑然。

蜀相[1]

丞相祠堂何处寻，锦官城外柏森森[2]。映阶碧草自春色[3]，隔叶黄鹂空好音[4]。三顾频烦天下计[5]，两朝开济老臣心[6]。出师未捷身先死[7]，长使英雄泪满襟。

（《杜诗详注》，中华书局 1979 年）

注释

[1] 蜀相：三国时蜀国丞相，指诸葛亮。

[2] 锦官城：指成都。森森：茂盛的样子。

[3] 自：空。

[4] 空：白白，徒然。

[5] 三顾：指刘备三顾茅庐。频：多次。

[6] 两朝：刘备、刘禅父子两朝。开济：指帮助刘备开国和辅佐刘禅继位。开，开创。济，扶持。

[7] 出师：出兵。捷：成功。

简析

这是一首咏史诗。诗中赞美了诸葛亮的匡济之功，同时也流露出壮志未酬的哀叹。作者借古论今，委婉表达了自己明君贤相政治理想的破灭。

春夜喜雨

好雨知时节[1]，当春乃发生[2]。随风潜入夜[3]，润物细无声[4]。野径云俱黑[5]，江船火独明[6]。晓看红湿处[7]，花重锦官城[8]。

（《杜诗详注》，中华书局 1979 年）

注释

[1] 好雨：指春雨，及时的雨。知：知道。

[2] 乃：就。发生：催发植物生长，萌发生长。

[3] 潜：暗暗地，悄悄地。

[4] 润物：使植物受到雨水的滋养。

[5] 野径：田野间的小路。俱：全，都。

[6] 江船：江面上的渔船。独：独自，只有。

[7] 晓：清晨。红湿处：指被雨打湿的花丛。

[8] 花重（zhòng）：花因沾雨水，显得饱满沉重的样子。

简析

这是一首描写春雨的名诗。“潜入夜”“细无声”把春雨的情态描摹得出神入化，整首诗的格调轻松愉快。这一时期杜甫在颠沛流离之后终于得以暂时安定，这种喜悦之情也是杜甫心理状态和生活状态的外化。

闻官军收河南河北[1]

剑外忽传收蓟北[2]，初闻涕泪满衣裳[3]。却看妻子愁何在[4]，漫卷诗书喜欲狂[5]。白日放歌须纵酒[6]，青春作伴好还乡[7]。即从巴峡穿巫峡[8]，便下襄阳向洛阳[9]。

（《杜诗详注》，中华书局 1979 年）

注释

[1] 官军：唐王朝军队。

[2] 剑外：剑门关之外。剑门关即今四川剑南一带。蓟（jì）北：今河北北部，当时为安史之乱叛军根据地。

[3] 初闻：乍听到。涕泪：眼泪。

[4] 却看：回头看。愁何在：不再愁。

[5] 漫卷：随手卷起。古代诗文写在长条纸上。

[6] 纵酒：纵情饮酒。

[7] 青春：春天。

[8] 巴峡：在今重庆市东的嘉陵江上。巫峡：在今四川巫山县东。

[9] 襄阳：今湖北襄樊。洛阳：今河南洛阳。

简析

这首诗作于唐代宗广德元年（763）春，作者在梓州。延续七年多的安史之乱终于结束，杜甫听到这一消息喜极而泣，不能自抑。前四句诗展现这种惊喜若狂的神态，接着后四句用几个富有动感的词语描绘出归家途中的喜悦。全诗毫无夸饰，情真意切，欣喜之情跃然纸上。

旅夜书怀

细草微风岸[1]，危樯独夜舟[2]。星垂平野阔[3]，月涌大江流[4]。名岂文章著[5]，官应老病休[6]。飘飘何所似[7]，天地一沙鸥。

（《杜诗详注》，中华书局 1979 年）

注释

[1] 岸：指江岸边。

[2] 危樯（qiáng）：高竖的桅杆。危，高。樯，船上挂帆的桅杆。独夜舟：是说自己孤零零一个人夜泊江边。

[3] 星垂：星空低垂。

[4] 月涌：月亮倒映，随水流涌。大江：指长江。

[5]“名岂”句：反语。不是因为文章写得好而获得好名声，实际是杜甫自豪之语。

[6]“官应”句：官是因为年老多病而被罢黜的。杜甫休官是因论事见弃，这句是自解语。

[7] 飘飘：漂泊，飘零。

简析

杜甫写这首诗时被迫离开成都，正处于漂泊不定、孤苦无依的境况。整首诗意境雄浑，气象万千，用景物之间的对比烘托出一个独立于天地之间的飘零形象，使全诗弥漫着深沉凝重的孤独感，也是诗人身世际遇的写照。

登高

风急天高猿啸哀，渚清沙白鸟飞回[1]。无边落木萧萧下[2]，不尽长江滚滚来。万里悲秋常作客[3]，百年多病独登台[4]。艰难苦恨繁霜鬓[5]，潦倒新停浊酒杯[6]。

（《杜诗详注》，中华书局 1979 年）

注释

[1] 渚：水中小块陆地。鸟飞回：鸟（在急风中）飞舞盘旋。回，回旋。

[2] 落木：指秋天飘落的树叶。萧萧：模拟草木摇落的声音。

[3] 万里：指远离故乡。

[4] 百年：这里借指晚年。

[5] 艰难：兼指国运和自身命运。苦恨：极其遗憾。苦，极。繁霜鬓：像厚重白霜似的鬓发。

[6] 潦倒：衰颓，失意。新停：刚刚停止。杜甫晚年因病戒酒，所以说“新停”。浊酒杯：浑浊的酒杯，指当时杜甫生活贫困潦倒，只能喝次等酒。

简析

这是一首重阳登高感怀诗，是大历二年（767）秋杜甫在夔州时所写。全诗通过登高所见秋江景色，倾诉了诗人长年漂泊、老病孤愁的复杂感情，流露出无限悲愁之绪。

岑参

岑参（约 715—770），荆州江陵（今属湖北）人。官终嘉州刺史，世称岑嘉州。与高适并称“高岑”。有《岑嘉州集》。

白雪歌送武判官归京[1]

北风卷地白草折[2]，胡天八月即飞雪[3]。忽如一夜春风来，千树万树梨花开。散入珠帘湿罗幕[4]，狐裘不暖锦衾薄[5]。将军角弓不得控[6]，都护铁衣冷难着[7]。瀚海阑干百丈冰[8]，愁云惨淡万里凝[9]。中军置酒饮归客[10]，胡琴琵琶与羌笛[11]。纷纷暮雪下辕门[12]，风掣红旗冻不翻[13]。轮台东门送君去[14]，去时雪满天山路[15]。山回路转不见君，雪上空留马行处。

（《岑参集校注》，上海古籍出版社 1981 年）

注释

[1] 判官：唐代节度使手下协助处理公务的幕僚。

[2] 白草：中国西北地区的一种牧草，牛马都喜欢吃，干枯时变成白色，故名。

[3] 胡天：泛指西北地区的天空。胡，（中国）古代对北方和西方民族的称呼。

[4]珠帘：用珍珠串成或饰有珍珠的帘子，形容帘子的华美。罗幕：用丝织品做成的帐幕，形容帐幕的华美。

[5] 狐裘：狐皮袍子。锦衾：锦缎被子。

[6] 角弓：用兽角装饰的硬弓。控：引，拉开。

[7] 都护：镇守边疆的长官。唐时设六都护府，各设大都护一员。唐代也往往尊称节度使为都护。铁衣：铠甲。着（zhuó）：穿。

[8] 瀚海：大沙漠。阑（lán）干：纵横。百丈冰：形容冰层之厚。

[9] 惨淡：昏暗无光。

[10] 中军：本义是主帅亲自统领的军队，这里借指主帅居住的营帐。饮归客：请归客饮酒。

[11] 胡琴、琵琶、羌笛：西域乐器。

[12] 辕门：军营之门。古时驻军，以两车的车辕相对交叉作为营门，称为辕门。

[13] “风掣（chè）”句：是说军旗上落雪结冰，冻得很硬，风吹不动。掣，牵，这里指风吹。翻，飘扬。

[14] 轮台：今新疆乌鲁木齐西北，唐时属庭州，隶北庭都护府。

[15] 天山：横贯新疆东西的山脉，长六千余里。

简析

这首诗是岑参任安西北庭节度判官时所作，是一首边塞送别诗。作品既描绘了边塞风雪与严寒的壮美，也表现了送友惜别的深情。全诗气势宏大，意境开阔，特别是“忽如一夜春风来，千树万树梨花开”一句充满豪情与奇趣。

韩愈

韩愈（768—824），字退之，河阳（今河南孟州）人，自称郡望昌黎（今河北昌黎）。官吏部侍郎等，谥文。世称韩昌黎、韩吏部、韩文公。“唐宋八大家”之一，与柳宗元并称“韩柳”。与孟郊等被称为韩孟诗派。有《昌黎先生集》。

左迁至蓝关示侄孙湘[1]

一封朝奏九重天[2]，夕贬潮州路八千[3]。欲为圣明除弊事[4]，肯将衰朽惜残年[5]！云横秦岭家何在[6]？雪拥蓝关马不前[7]。知汝远来应有意[8]，好收吾骨瘴江边[9]。

（《韩昌黎诗系年集释》，上海古籍出版社 1984 年）

注释

[1] 左迁：降职，贬官，指作者被贬潮州。蓝关：在蓝田县南。《地理志》：“京兆府蓝田县有蓝田关。”湘：韩愈的侄孙韩湘，字北渚，韩愈侄韩老成之长子。

[2] 一封：指一封奏章，即《论佛骨表》。朝（zhāo）奏：早晨送呈奏章。九重（chóng）天：古称天有九层，第九层最高，此指朝廷、皇帝。

[3] 潮州：今广东潮安。一作“潮阳”。路八千：泛指路途遥远。八千，不是确数。

[4] 圣明：指皇帝。弊事：政治上的弊端，指迎佛骨事。

[5] 肯：岂肯。衰朽（xiǔ）：衰弱多病。惜残年：顾惜晚年的生命。

[6] 秦岭：在蓝田县东南。

[7] 拥：阻塞。马不前：古乐府《饮马长城窟行》：“驱马涉阴山，山高马不前。”

[8] 汝（rǔ）：你，指韩湘。应有意：应知道我此去凶多吉少。

[9] 瘴（zhàng）江：指瘴气弥漫的江流。这里指贬所潮州。

简析

韩愈因《论佛骨表》被贬为潮州刺史，并被责即日赴任。韩愈只身一人上路，走到蓝田关口时，只有侄孙跟上来，触景生情，写下这首诗。前四句交代了因由并表明自己一心为公，已将生死置之度外的决心。后四句用道路的险阻映衬世事艰辛及沮丧的心情，饱含愤懑之情。

刘禹锡

刘禹锡（772—842），字梦得，洛阳（今属河南）人。参与王叔文永贞革新，被贬八司马之一。晚年为太子宾客，世称刘宾客。与柳宗元并称“刘柳”，与白居易并称“刘白”。有《刘禹锡集》。

西塞山怀古[1]

西晋楼船下益州[2]，金陵王气黯然收[3]。千寻铁锁沉江底[4]，一片降幡出石头[5]。人世几回伤往事，山形依旧枕寒流[6]。今逢四海为家日[7]，故垒萧萧芦荻秋[8]。

［《全唐诗》（增订本），中华书局 1999 年］

注释

[1] 西塞山：位于今湖北黄石，山体突出到长江中，因而形成长江弯道，站在山顶犹如身临江中。

[2] 西晋：一作“王濬（jùn）”。楼船：盖有高楼的大船。晋武帝欲伐吴，派大将王濬造大船，船上起楼，每船可容两千余人。益州：晋时郡治在今成都。

[3] 金陵：今南京。当时为吴国都城。王气：帝王之气。黯然：一作“漠然”，形容暗淡无光的样子。

[4]“千寻”句：东吴末帝孙皓命人在江中立铁锥，又用大铁索横于江面，拦截晋船，王濬用大火炬将其烧断。寻，长度单位，八尺为一寻。

[5]“一片”句：王濬率船队从武昌顺流而下，直到金陵，攻破石头城，吴主孙皓投降。降幡（fān），降旗。石头，石头城，故址在今南京清凉山，吴孙权时所筑，唐武德时废。

[6] 枕寒流：指西塞山突出到长江水中。

[7] 四海为家：意即天下统一。

[8] 故垒：指西塞山，也包括六朝以来的战争遗迹。萧萧：秋风的声音。

简析

这是一首吊古抚今诗，抒发了山河依旧、人事不同的感慨。诗的前四句追忆西晋东下灭吴的恢宏史实，后四句感慨当年那些风云人物都已风流云散，唯有西塞山依然屹立于长江水中，从而表达出一种沧桑悲壮的人生况味。

酬乐天扬州初逢席上见赠[1]

巴山楚水凄凉地[2]，二十三年弃置身[3]。怀旧空吟闻笛赋[4]，到乡翻似烂柯人[5]。沉舟侧畔千帆过[6]，病树前头万木春。今日听君歌一曲[7]，暂凭杯酒长精神[8]。

（《刘禹锡集笺证》，上海古籍出版社 1989 年）

注释

[1] 酬：答谢，酬答，这里指以诗相赠答。乐天：白居易，字乐天。见赠：送给（我）。

[2] 巴山楚水：指四川、湖南、湖北一带。古时四川东部属于巴国，湖南北部和湖北等地属于楚国。刘禹锡被贬后，迁徙于朗州、连州、夔州、和州等边远地区，这里用“巴山楚水”泛指这些地方。

[3] 二十三年：从唐顺宗永贞元年（805）刘禹锡被贬为连州刺史，至宝历二年（826）冬应召，约 22 年。弃置身：指遭受贬谪的诗人自己。弃置，贬谪。

[4] 怀旧：怀念故友。吟：吟唱。闻笛赋：指西晋向秀《思旧赋》。三国曹魏末年，向秀的朋友嵇康、吕安因不满司马氏篡权而被杀害。后来向秀经过嵇康、吕安旧居，听到邻人吹笛，不禁悲从中来，于是作《思旧赋》。

[5] 到：到达。翻似：倒好像。翻，反而。烂柯人：指晋人王质。相传晋人王质上山砍柴，看见两个童子下棋，就停下观看。等棋局终了，手中的斧柄已经朽烂。回到村里，才知道已过百年，同代人都已亡故。作者以此典故表达世事沧桑之感。

[6] 侧畔：旁边。

[7] 歌一曲：指白居易赠诗《醉赠刘二十八使君》。

[8] 长（zhǎng）精神：振作精神。长，增长，振作。

简析

这首诗是刘禹锡于唐敬宗宝历二年（826）冬罢和州刺史后，回归洛阳，途经扬州，与罢苏州刺史后回归洛阳的白居易相会时所作，是应和白居易的答赠诗。全诗以伤感低沉的情调回顾了贬谪生活，表达了回归以后生疏而怅惘的心情。诗人虽然屡遭贬谪，但仍表现出豁达的胸襟和积极投入生活的勇气和意志。

白居易

白居易（772—846），字乐天，晚号香山居士、醉吟先生，下邽（今陕西渭南）人。早年官左拾遗、江州（今江西九江）司马等。晚年官太子少傅，谥文，世称白少傅、白文公。与元稹并称“元白”，与刘禹锡并称“刘白”。有《白氏长庆集》。

赋得古原草送别[1]

离离原上草[2]，一岁一枯荣[3]。野火烧不尽，春风吹又生。远芳侵古道[4]，晴翠接荒城[5]。又送王孙去，萋萋满别情[6]。

（《白居易集》，中华书局 1979 年）

注释

[1] 赋得：指定、限定的诗题要在题目上加“赋得”一词。

[2] 离离：繁盛的样子。原：原野。

[3] 枯：枯萎。荣：繁盛，长出新叶。

[4] 远芳：连成一片的草。侵：侵占，覆盖。

[5] 晴翠：阳光下翠绿的野草。荒城：荒凉、破损的城镇。

[6]“又送”与“萋萋”句：借用《楚辞》“王孙游兮不归，春草生兮萋萋”的典故。王孙，贵族。这里指自己的朋友。萋萋，草盛的样子。

简析

这是一首应考习作，相传为白居易十六岁时所作。此诗表达了与友人的惜别之情。全诗章法谨严，语言自然流畅而又不失工整，意境浑成，在“赋得体”中堪称绝唱，其中的“野火烧不尽，春风吹又生”成为脍炙人口的传世名句。

钱塘湖春行[1]

孤山寺北贾亭西[2]，水面初平云脚低[3]。几处早莺争暖树[4]，谁家新燕啄春泥[5]。乱花渐欲迷人眼[6]，浅草才能没马蹄[7]。最爱湖东行不足[8]，绿杨阴里白沙堤[9]。

（《白居易集》，中华书局 1979 年）

注释

[1] 钱塘湖：即杭州西湖。

[2] 孤山：在西湖的里湖与外湖之间，因与其他山不相接连，所以称孤山。孤山寺：南北朝陈文帝初年建，名承福，宋时改名广华。贾亭：又名贾公亭。西湖名胜之一，唐朝贾全所筑。

[3] 水面初平：湖水才同堤岸齐平，即春水初涨。云脚低：云低垂，离水面很近。

[4] 早莺：初春时飞来的黄鹂。暖树：向阳的树。

[5] 新燕：刚从南方飞回来的燕子。啄：衔取。

[6] 乱花：纷繁的花。渐：渐渐地，逐渐。欲：将要，就要。迷人眼：使人眼花缭乱。

[7] 浅草：刚长出来的青草。

[8] 湖东：以孤山为参照物，白沙堤在孤山的东北面。行不足：百游不厌。足，满足。

[9] 阴：同“荫”，指树荫。白沙堤：即今白堤，又称沙堤、断桥堤，在西湖东畔，唐前已有。白居易任杭州刺史时所筑白堤在钱塘门外。

简析

这首诗以游踪为线索描绘了西湖的早春美景。作品语言平易浅近，清新自然，用白描手法把精心选择的镜头写入诗中，即景寓情，在生意盎然的早春湖光中表达了作者的喜悦心情。

柳宗元

柳宗元（773—819），字子厚，祖籍河东（今山西永济）。参与王叔文永贞革新，被贬八司马之一。官终柳州刺史，世称柳河东、柳柳州。“唐宋八大家”之一，与韩愈并称“韩柳”。有《柳宗元集》。

渔翁

渔翁夜傍西岩宿[1]，晓汲清湘燃楚竹[2]。烟销日出不见人[3]，欸乃一声山水绿[4]。回看天际下中流[5]，岩上无心云相逐[6]。

（《柳宗元集》，中华书局 1979 年）

注释

[1] 傍：靠近。西岩：湖南永州的西山。

[2] 汲（jí）：取水。湘：湘江之水。楚：西山古属楚地。

[3] 烟：云。销：消散。亦可作“消”。

[4] 欸（ǎi）乃：象声词，一说指桨声，一说是人长呼之声。唐时湘中棹歌有《欸乃曲》。

[5] 下中流：由中流而下。

[6] 无心：指云自由自在地飘动，同时也表达了一种物我两忘的自由境界。

简析

诗人以动写静，描绘出一幅清明宁静的山中晨景，渔翁的活动与自然中的山、水、云和谐地融为一体，表现出恬淡自在与内在机趣。这正是诗人所追求的理想生活，渴望达到渔人物我两忘的境界，从而实现精神上的完全自由与快乐。

李贺

李贺（790—816），字长吉，福昌（今河南宜阳）人，家居福昌昌谷，后世称李昌谷。唐宗室郑王亮后裔，曾为奉礼郎。有“诗鬼”之称。有《昌谷集》。

雁门太守行[1]

黑云压城城欲摧[2]，甲光向月金鳞开[3]。角声满天秋色里，塞上燕脂凝夜紫[4]。半卷红旗临易水，霜重鼓寒声不起[5]。报君黄金台上意[6]，提携玉龙为君死[7]。

（《李贺诗歌集注》，上海古籍出版社 1978 年）

注释

[1] 雁门太守行：乐府《相和歌 · 瑟调曲》三十八曲旧题之一。汉代古辞今存一篇，六朝和唐人拟作都是咏叹征戍之苦。

[2] “黑云”句：形容战争烟尘铺天盖地，弥漫在边城附近，气氛十分紧张。一说是实写天空中的黑云。

[3] “甲光”句：形容铠甲在月光下闪耀。月，一作“日”。据说王安石批评这两句诗不合理：“方黑云压城，岂有向日之甲光？”杨慎则认为既有黑云也有日光的自然景象是有的，“贺之诗善状物”，而王安石则是“宋老头巾不知诗”。(《升庵诗话》）沈德潜也说“阴云蔽天，忽露赤日，实有此景”。(《唐诗别裁》）

[4] “塞上”句：解说不一。一说写暮色渐浓，夜幕将临，晚霞变为暗紫色，天光和山色都黯淡了。如王勃《滕王阁序》有“烟光凝而暮山紫”之句。一说写战斗激烈且残酷，从白天到晚上，战场上的血迹在夜色将临之际呈现出一片片的暗紫色。

[5] 声不起：鼓敲不出声音。

[6] 黄金台：《战国策·燕策》载燕昭王求士，筑高台，置黄金于其上，广招天下人才。

[7] 玉龙：宝剑名，此代指剑。

简析

从相关传说和史料记载推测，这首诗可能写的是平定藩镇叛乱的战争。这首诗最大的特色是运用浓墨重彩勾勒出边塞诡异奇绝的自然风貌和战争的惨烈，给人造成压抑紧张的氛围。

李商隐

李商隐（813—858），字义山，号玉溪生。祖籍怀州河内（今河南沁阳），后迁郑州荥阳（今属河南）。官秘书省校书郎等，入幕桂管（今桂林一带）、梓州（今四川三台）等。与杜牧并称“小李杜”，与温庭筠并称“温李”。《全唐诗》录其诗三卷。

无题[1]

相见时难别亦难，东风无力百花残[2]。春蚕到死丝方尽[3]，蜡炬成灰泪始干[4]。晓镜但愁云鬓改[5]，夜吟应觉月光寒[6]。蓬山此去无多路[7]，青鸟殷勤为探看[8]。

（《玉溪生诗集笺注》，上海古籍出版社 1979 年）

注释

[1] 无题：李商隐有多篇“无题”诗，其内容或因不便明言，或因难用一个恰当的题目表现，所以命为“无题”。

[2]“东风”句：指百花凋谢的暮春时节。东风，春风。残，凋零。

[3] 丝方尽：丝，与“思”谐音，以“丝”喻“思”，含相思之意。

[4] 蜡炬：蜡烛。泪始干：泪，指燃烧时的蜡烛油，这里取双关义，指相思的眼泪。

[5] 晓：早晨。镜：镜子，这里用作动词，照镜子。但：只。云鬓：女子多而美的头发，这里比喻青春年华。

[6] 月光寒：指夜渐深。

[7] 蓬山：蓬莱山，传说中海上仙山，指仙境。

[8] 青鸟：神话中为西王母传递音讯的信使。殷勤：情谊恳切深厚。探看（kān）：探望。

简析

李商隐的无题诗主旨多朦胧隐奥，本诗既可解为缠绵曲折的爱情诗，又可解为怀才不遇的感遇诗。全诗构思巧妙，比喻奇丽，营造出凄美哀婉的意境，语言凝练，富于表现力，前四句尤为脍炙人口，是千古传诵的名句。

马嵬[1]

海外徒闻更九州[2]，他生未卜此生休[3]。空闻虎旅鸣宵柝[4]，无复鸡人报晓筹[5]。此日六军同驻马[6]，当时七夕笑牵牛[7]。如何四纪为天子[8]，不及卢家有莫愁[9]！

（《玉溪生诗集笺注》，上海古籍出版社 1979 年）

注释

[1] 马嵬（wéi）：地名，杨贵妃缢死的地方。在今陕西省兴平市。

[2] “海外”句：用白居易《长恨歌》中“忽闻海上有仙山”句意，指杨贵妃死后居住在海外仙山上，虽然听到唐王朝恢复九州的消息，但人神相隔，已不能再与玄宗团聚。徒，白白地。更，再次拥有。

[3] “他生”句：《长恨歌》中所约定来生夫妻不知能否实现，今生夫妻已经结束。

[4] 虎旅：指跟随玄宗入蜀的禁军。鸣：一作“传”。宵柝（tuò）：又名金柝，夜间报更的刁斗。

[5] 鸡人：皇宫中报时的卫士。汉代制度，宫中不得畜鸡，卫士候于朱雀门外，传鸡唱。筹：计时的用具。

[6] “此日”句：指马嵬坡兵变。

[7] 牵牛：牵牛星，即牛郎星。此指牛郎织女的故事。

[8] 四纪：四十八年。岁星十二年一周天为一纪，玄宗在位四十五年，约为四纪。

[9] 莫愁：古洛阳女子，嫁为卢家妇，婚后生活幸福。出自萧衍《河中之水歌》。

简析

《马嵬》原作二首，此为其二。这是一首政治讽刺诗。这首诗借《长恨歌》描写的仙山订约的传说故事开篇，述说唐玄宗与杨贵妃的爱情悲剧。同时，诗人把马嵬坡生死离别与长生殿秘密之誓对举，增加了悲剧效果。末尾两句以反诘语气作结，表达了对唐玄宗的讽刺。

无 题

昨夜星辰昨夜风，画楼西畔桂堂东[1]。身无彩凤双飞翼，心有灵犀一点通[2]。隔座送钩春酒暖[3]，分曹射覆蜡灯红[4]。嗟余听鼓应官去[5]，走马兰台类转蓬[6]。

（《玉溪生诗集笺注》，上海古籍出版社 1979 年）

注释

[1] 画楼、桂堂：都是华美富丽的屋舍。

[2] 灵犀：旧说犀牛有神异，角中有白纹如线，直通角端。

[3] 送钩：也称藏钩。古代腊日一种游戏，分二曹以较胜负。把钩互相传送后，藏于一人手中，令人猜。

[4] 分曹：分组。射覆：在覆器下放着东西令人猜。分曹、射覆未必是实指，只是借喻宴会时的热闹。

[5] 鼓：指更鼓。应官：指上朝。

[6] 兰台：即秘书省，掌管图书典籍。转蓬：随风转动的蓬草。

简析

这首诗追忆了一场游宴活动，宴会的热烈欢快与听鼓应官的无可奈何形成一种对照，使整首诗在快乐中透出哀婉忧伤的情愫。这首诗的主题同样具有多解，既像是写给不能长久相伴的恋人，又像哀叹君臣不遇。

锦瑟[1]

锦瑟无端五十弦[2]，一弦一柱思华年[3]。庄生晓梦迷蝴蝶[4]，望帝春心托杜鹃[5]。沧海月明珠有泪[6]，蓝田日暖玉生烟[7]。此情可待成追忆，只是当时已惘然[8]！

（《玉溪生诗集笺注》，上海古籍出版社 1979 年）

注释

[1] 锦瑟：装饰有华美图案的瑟。

[2] 无端：没有缘故。五十弦：瑟一般为二十五弦。五十弦有两解，一说五十弦瑟为上古难得之瑟，普通人不能欣赏，比喻自己才高却不能被用。一说是李商隐的妻子故去，二十五弦断弦后即变为五十弦。

[3] 柱：调整弦的音调高低的支柱。思：思念。华年：美好的年华。

[4] “庄生”句：典故出自《庄子·齐物论》：“庄周梦为蝴蝶，栩栩然蝴蝶也；自喻适志与，不知周也。俄然觉，则蘧蘧然周也。不知周之梦为蝴蝶与？蝴蝶之梦为周与？”

[5] “望帝”句：典故出自《华阳国志·蜀志》：“杜宇称帝，号曰望帝。……其相开明，决玉垒山以除水害，帝遂委以政事，法尧舜禅授之义，遂禅位于开明。帝升西山隐焉。时适二月，子鹃鸟鸣，故蜀人悲子鹃鸟鸣也。”

[6] 沧海月明：珍珠长于蚌中，传说每当月明之夜蚌便向月张开以养其珠，珠得月华，始极光莹。珠有泪：典故出自《博物志》：“南海外有鲛人，水居如鱼，不废织绩，其眼能泣珠。”

[7] “蓝田”句：《元和郡县志》：“关内道京兆府蓝田县：蓝田山，一名玉山，在县东二十八里。”《文选》陆机《文赋》：“石韫玉而山辉，水怀珠而川媚。”司空表圣云：“戴容

州谓诗家之景，如蓝田日暖，良玉生烟，可望而不可置于眉睫之前也。李义山玉生烟之句盖本于此。”(《困学纪闻》卷十八)

[8]“此情”与“只是”句：如此情怀，并非今朝回忆才感无限惆怅，就是当时也令人不胜怅然。

简析

《锦瑟》是李商隐代表作之一，又是意象朦胧难以言表的一首诗。关于这首诗的主旨历来众说纷纭，主要有“爱情诗”“悼亡诗”“咏物诗”等，此外还有影射政治、自叙诗等许多说法。大体而言，以“悼亡”和“自伤”说者为多。诗人将大量典故融合在一起，创造出一种寥廓空寂、迷离惆怅的意境。

李煜

李煜（937—978），字重光，徐州（今属江苏）人。南唐末代国君，世称李后主。有与其父李璟合编词集《南唐二主词》。

浪淘沙[1]

帘外雨潺潺[2]，春意阑珊[3]。罗衾不耐五更寒[4]。梦里不知身是客[5]，一晌贪欢[6]。

独自莫凭栏[7]，无限江山[8]。别时容易见时难。流水落花春去也，天上人间。

（《南唐二主词》，中国书店 2010 年）

注释

[1] 浪淘沙：词牌名。原为唐教坊曲，又名《浪淘沙令》《卖花声》等。唐人多用七言绝句入曲，南唐李煜始演为长短句。

[2] 潺潺：形容雨一直下不停。

[3] 阑珊：衰残，将要结束。一作“将阑”。

[4] 罗衾（qīn）：绸缎被子。不耐：受不了。一作“不暖”。

[5] 身是客：指被拘汴京，形同囚徒。

[6] 一晌（shǎng）：一会儿，片刻。贪欢：指贪恋梦境中的欢乐。

[7] 凭栏：靠着栏杆。

[8] 江山：指南唐河山。

简析

这首词上片采用倒叙手法，帘外寒雨惊醒残梦，回想起梦中的短暂欢乐，更加勾起诗人的无限哀伤。下片直抒胸臆，对故国的无限思念和阶下囚生活的凄婉苦楚溢于言表，令人不禁肝肠寸断。这首词调短字少，但蕴藉深厚，感人至深。

虞美人[1]

春花秋月何时了[2]，往事知多少？小楼昨夜又东风，故国不堪回首月明中。

雕栏玉砌应犹在[3]，只是朱颜改[4]。问君能有几多愁[5]，恰似一江春水向东流。

（《李煜全集》，崇文书局 2015 年）

注释

[1] 虞美人：词牌名。原为唐教坊曲，初咏项羽宠姬虞美人死后地上开出一朵鲜花，因以为名。

[2] 了：了结，完结。

[3] 雕栏玉砌：指远在金陵的南唐故宫。砌，台阶。

[4] 朱颜改：指所怀念的人已衰老。

[5] 君：作者自称。

简析

这首词凝聚了作者深深的故国之思和亡国之恨。春花秋月本令人欣喜鼓舞，但这只能勾起亡国之君的无限怅恨，诗人的愁思如同滚滚江水一样永无停止。自然的永恒和人事沧桑的强烈对比，把蕴蓄于胸中的悲愁悔恨曲折有致地倾泻出来，凝成最后的千古绝唱。

王禹偁

王禹偁（954—1001），字元之，济州巨野（今属山东）人，因贬于黄州，世称王黄州。有《小畜集》《小畜外集》。

村行

马穿山径菊初黄，信马悠悠野兴长[1]。万壑有声含晚籁[2]，数峰无语立斜阳。棠梨叶落胭脂色[3]，荞麦花开白雪香[4]。何事吟余忽惆怅？村桥原树似吾乡[5]。

（《小畜集》，上海书店 1989 年）

注释

[1] 信马：骑着马随意行走。野兴：指陶醉于山林美景，怡然自得的乐趣。

[2] 晚籁：指秋声。籁，大自然的声响。

[3] 棠梨：杜梨，又名白梨、白棠。落叶乔木，叶含红色。

[4] 荞麦：一年生草本植物，秋季开白色小花，果实呈黑红色三棱状。

[5] 原树：原野上的树。原，原野。

简析

《村行》是宋太宗淳化二年（991）王禹偁被贬为商州团练副使时写的一首七言律诗。诗人以愉快闲适的心情描写傍晚山村的优美秋景，但诗篇末两句突然笔调一转，由欢乐而惆怅，勾起诗人深埋心底的浓浓思乡之情。全诗自然流畅，情趣盎然，尾联增加了曲折跌宕之美。

林逋

林逋（967—1028），字君复，后人称为和靖先生，钱塘（今浙江杭州）人。隐居于西湖孤山，终身不仕，未娶妻，与梅花、仙鹤做伴，称为“梅妻鹤子”。有《林和靖先生诗集》。

山园小梅

众芳摇落独暄妍[1]，占尽风情向小园。疏影横斜水清浅[2]，暗香浮动月黄昏[3]。霜禽欲下先偷眼[4]，粉蝶如知合断魂[5]。幸有微吟可相狎[6]，不须檀板共金尊[7]。

（《林和靖先生诗集》，上海书店1989年）

注释

[1] 众芳：百花。摇落：被风吹落。暄妍：明媚美丽。

[2] 疏影横斜：梅花疏疏落落，斜横枝干投在水中的影子。

[3] 暗香浮动：梅花散发的清幽香味在飘动。

[4] 霜禽：有两解。一指白鹤，一指冬天的禽鸟，与下句中夏天的“粉蝶”相对。

[5] 合：应该。

[6] 微吟：低声吟唱。狎（xiá）：亲近。

[7] 檀板：演唱时用的檀木柏板，此处指歌唱。金尊：豪华的酒杯，此处指饮酒。

简析

此诗精妙之处在于通过对比、衬托等手法间接赞美梅花的优美与高洁，尤其“疏影横斜水清浅，暗香浮动月黄昏”两句既描绘了梅花的形态与香气，也写出了梅花的轻盈灵动与妩媚，从而成为咏梅千古绝唱。同时这首咏梅诗也是诗人幽独清高、自甘淡泊的人格写照。

柳永

柳永（987—1053），字耆卿，原名三变，字景庄，后改名永，建州崇安（今福建武夷山）人。暮年中进士，官终屯田员外郎。排行第七，世称柳七，或柳屯田。有《乐章集》。

雨霖铃[1]

寒蝉凄切[2]。对长亭晚[3]，骤雨初歇[4]。都门帐饮无绪[5]，留恋处、兰舟催发[6]。执手相看泪眼，竟无语凝噎[7]。念去去[8]、千里烟波，暮霭沈沈楚天阔[9]。

多情自古伤离别。更那堪、冷落清秋节。今宵酒醒何处[10]，杨柳岸、晓风残月。此去经年[11]，应是良辰、好景虚设。便纵有、千种风情[12]，更与何人说[13]。

（《乐章集校注》，中华书局 1994 年）

注释

[1] 雨霖铃：词牌名。原为唐教坊曲，相传唐玄宗避安禄山乱入蜀，时霖雨连日，栈道中听到铃声，为悼念杨贵妃采作此曲，后柳永用为词调。又名《雨霖铃慢》。

[2] 凄切：凄凉急促。

[3] 长亭：古代在交通要道边每隔十里修建一座长亭供行人休息，又称“十里长亭”。靠近城市的长亭往往是古人送别的地方。

[4] 骤雨：急猛的阵雨。歇：停。

[5] 都门：国都之门。这里代指北宋都城汴京（今河南开封）。帐饮：在郊外设帐饯行。

无绪：没有情绪。

[6]兰舟：古代传说鲁班曾刻木兰树为舟。(南朝梁任昉《述异记》)这里用作对船的美称。

[7]凝噎：喉咙哽塞、欲语不出的样子。

[8]去去：重复“去”字，表示行程遥远。

[9]“暮霭”句：傍晚的云雾笼罩着南天，深厚广阔，不知尽头。暮霭，傍晚的云雾。沈沈，同“沉沉”，深厚的样子。楚天，指南方楚地的天空。

[10]今宵：今夜。

[11]经年：年复一年。

[12]纵：即使。风情：情意。男女相爱之情，深情蜜意。情，一作“流”。

[13]更：一作“待”。

简析

这首词是柳永的代表作之一，写词人离开汴京时与恋人的依依惜别之情。柳永充分利用《雨霖铃》这一词调声情哀怨、篇幅较长的特点，营造了寒蝉、暮霭、清秋、残月等意象表达委婉凄恻的离情，可谓尽情尽致，读之令人潸然。

凤栖梧[1]

伫倚危楼风细细[2]，望极春愁，黯黯生天际[3]。草色烟光残照里[4]，无言谁会凭栏意。

拟把疏狂图一醉[5]，对酒当歌[6]，强乐还无味[7]。衣带渐宽终不悔[8]，为伊消得人憔悴。

（《乐章集校注》，中华书局 1994 年）

注释

[1] 凤栖梧：词牌名，《蝶恋花》的别称。原为唐教坊曲，调名取义简文帝“翻阶蛱蝶恋花情”句，又名《鹊踏枝》等。

[2] 伫：立，站。倚：靠着。危楼：高楼。

[3] 黯黯：迷蒙不明。天际：天边，形容很远的地方。

[4] “草色”句：春天的草地在夕阳的余晖下闪烁着一层迷蒙的如烟似雾的光。

[5] 拟把：打算。疏狂：粗疏狂放。图：谋求。

[6] 对酒当歌：语出曹操《短歌行》。

[7] 强乐：强颜欢笑。强，勉强。

[8] 衣带渐宽：指人逐渐消瘦。此句化用《古诗》：“相去日已远，衣带日已缓。”

简析

这首词表达了作者的寂寥惆怅及与恋人难以割舍的离情。上片描绘了一幅迷蒙凄楚的黄昏高楼望远图，春愁油然而生。下片以强乐无味来表达诗人内心挥之不去的思念之苦。全词笔势曲折，凄美婉转，特别是尾句“衣带渐宽终不悔，为伊消得人憔悴”形象传神，成为千古名句。

望海潮[1]

东南形胜，三吴都会[2]，钱塘自古繁华[3]。烟柳画桥[4]，风帘翠幕[5]，参差十万人家[6]。云树绕堤沙[7]，怒涛卷霜雪[8]，天堑无涯[9]。市列珠玑[10]，户盈罗绮，竞豪奢。

重湖叠巘清嘉[11]。有三秋桂子[12]，十里荷花。羌管弄晴[13]，菱歌泛夜[14]，嬉嬉钓叟莲娃。千骑拥高牙[15]。乘醉听箫鼓，吟赏烟霞[16]。异日图将好景[17]，归去凤池夸[18]。

（《乐章集校注》，中华书局 1994 年）

注释

[1] 望海潮：词牌名。柳永创制，取意于杭州是观潮胜地。

[2] 三吴：即吴兴（今浙江湖州）、吴郡（今江苏苏州）、会稽（今浙江绍兴）三郡，在这里泛指今江苏南部和浙江部分地区。

[3] 钱塘：即今浙江杭州，古时吴国的一个郡。

[4] 烟柳：雾气笼罩着的柳树。画桥：装饰华美的桥。

[5] 风帘：挡风用的帘子。翠幕：青绿色的帷幕。

[6] 参差（cēncī）：近似，高下不齐貌。

[7] 云树：树木如云，极言其多。

[8] "怒涛"句：又高又急的潮头冲过来，浪花像霜雪在滚动。

[9] 天堑（qiàn）：天然沟壑，人间险阻。一般指长江，这里借指钱塘江。

[10] 珠玑：珠是珍珠，玑是一种不圆的珠子。这里泛指珍贵的商品。

[11] 重湖：以白堤为界，西湖分为里湖和外湖，所以也叫重湖。叠巘（yǎn）：层层叠叠的山峦。此指西湖周围的山。巘，大山上的小山。清嘉：清秀佳丽。

[12] 三秋：秋季，亦指秋季第三月，即农历九月。

[13] 羌（qiāng）管：即羌笛，羌族之簧管乐器。这里泛指乐器。弄：吹奏。

[14] 菱歌泛夜：采菱夜归的船上一片歌声。菱，菱角。泛，漂流。

[15] 高牙：高矗之牙旗。牙旗，将军之旌，竿上以象牙饰之，故云牙旗。这里指杭州高官孙何。

[16] 吟赏烟霞：歌咏和观赏湖光山色。烟霞，此指山水林泉等自然景色。

[17] "异日"句：有朝一日把这番景致描绘出来。异日，他日，指日后。图，描绘。

[18] 凤池：全称凤凰池，原指皇宫禁苑中的池沼。此处指朝廷。

简析

这首词描绘了杭州风景如画、繁华富庶的盛世丽景，可谓"承平气象，形容曲尽"（见陈振孙《直斋书录解题》）。词作上片多用赋法，极尽铺陈，气势恢宏。下片又转为轻灵曼妙，意境悠长。语言方面慢声长调和所抒之情起伏相应，音律协调，情致婉转。

八声甘州[1]

对潇潇、暮雨洒江天[2]，一番洗清秋[3]。渐霜风凄紧[4]，关河冷落，残照当楼。是处红衰翠减[5]，苒苒物华休[6]。惟有长江水，无语东流。

不忍登高临远，望故乡渺邈[7]，归思难收。叹年来踪迹，何事苦淹留[8]？想佳人、妆楼颙望[9]，误几回、天际识归舟[10]。争知我[11]、倚阑杆处，正恁凝愁[12]。

（《柳永词集》，上海古籍出版社 2017 年）

注释

[1] 八声甘州：词牌名，又名《甘州》等，从唐教坊大曲《甘州》截取一段改制而成。因全词前后片共八韵，故名八声。

[2] 潇潇：风雨之声。

[3] “一番”句：一番风雨洗出一个凄清的秋天。

[4] 霜风凄紧：秋风凄凉紧迫。霜风，秋风。凄紧，一作“凄惨”。

[5] “是处”句：到处花草凋零。是处，到处。红、翠，指代花草树木。

[6] 苒（rǎn）苒：渐渐。物华：美好的景物。

[7] 渺邈：遥远。

[8] 淹留：久留。

[9] 颙（yóng）望：抬头远望。

[10] “误几回”句：多少次错把远处驶来的船当作心上人回家的船。

[11] 争：怎。

[12] 恁（nèn）：如此。凝愁：忧愁凝结不解。

简析

这首词表达了作者对人世飘零的感叹及浓浓的思乡之情。词中描绘了江野暮秋萧瑟寥廓、浑莽苍凉的景色，并以虚设佳人望归的场景来表达自己强烈的思归情绪。整首词构思巧妙，跌宕开阖，呼应灵活，写尽了他乡游子的羁旅哀愁。

范仲淹

范仲淹(989—1052)，字希文，祖籍邠州（今陕西彬县），后迁居苏州吴县（今江苏苏州）。官至枢密副使、参知政事，宋仁宗庆历年间主持推动“庆历新政”。谥文正，封楚国公、魏国公，有《范文正公集》。

苏幕遮·怀旧[1]

碧云天[2]，黄叶地[3]。秋色连波[4]，波上寒烟翠[5]。山映斜阳天接水[6]，芳草无情，更在斜阳外[7]。

黯乡魂[8]，追旅思[9]。夜夜除非，好梦留人睡[10]。明月楼高休独倚，酒入愁肠，化作相思泪。

（《范仲淹集》，凤凰出版社 2019 年）

注释

[1] 苏幕遮：词牌名。此调为西域传入的唐教坊曲，宋代词家用此调另度新曲。

[2] 碧云天：湛蓝的天空飘着白云。

[3] 黄叶地：地上铺满黄色的落叶。

[4] 秋色连波：秋水倒映蓝天，水天一色。

[5] “波上”句：傍晚水面上的水气凝成蓝色的雾气。

[6] “山映”句：夕阳的余晖映射在山上，远处水天相接。

[7] “芳草”与“更在”句：草地延伸到天涯，所到之处比斜阳更遥远。

[8] 黯乡魂：心神因怀念故乡而悲伤。黯，黯然，形容心情忧郁，悲伤。

[9] 追旅思：撇不开羁旅的愁思。追，紧随，可引申为纠缠。旅思，旅途中的愁苦。

[10]“夜夜”与“好梦”句：每天夜里，只有做返回故乡的好梦才得以安睡。夜夜除非，即“除非夜夜”倒装。按文意应作“除非夜夜好梦留人睡”。

简析

这首词以沉郁雄健的笔力抒写低回婉转的思乡之情，意境宏深，与一般婉约派词风不同。词的上片写秋景的寥廓苍茫，境界宏大；下片由萧索的秋色转入思乡的无限惆怅，思念之情写得凄切深沉。

渔家傲·秋思[1]

塞下秋来风景异，衡阳雁去无留意[2]。四面边声连角起[3]。千嶂里[4]，长烟落日孤城闭。

浊酒一杯家万里，燕然未勒归无计[5]。羌管悠悠霜满地[6]。人不寐[7]，将军白发征夫泪。

（《范仲淹集》，凤凰出版社 2019 年）

注释

[1] 渔家傲：词牌名。《词谱》卷十四云："此调始自晏殊，因词有'神仙一曲渔家傲'句，取以为名。"

[2] 衡阳雁去：传说秋天北雁南飞，至湖南衡阳回雁峰而止，不再南飞。

[3] 边声：边塞特有的声音，如大风、号角、羌笛、马啸的声音。

[4] 千嶂：绵延而峻峭的山峰，崇山峻岭。

[5]燕然未勒：指战事未平，功名未立。燕然，即燕然山，今名杭爱山，在今蒙古国境内。据《后汉书·窦宪传》记载，东汉窦宪率兵追击匈奴单于，去塞三千余里，登燕然山，刻石勒功而还。

[6] 羌管：即羌笛，古代西部羌族的一种乐器。

[7] 不寐：睡不着。寐，睡。

简析

这首词写得旷远雄浑。上阕写景，作者将雁去、边声、千嶂、落日和孤城等几个意象连缀在一起，勾勒出边塞苍凉悲壮的秋景，营造出沉雄开阔的意境。下阕由景入情，抒发了戍边将士建功立业的雄心壮志与浓浓的思乡之情。

张先

张先（990—1078），字子野，乌程（今浙江湖州吴兴）人。官至都官郎中。善作慢词，造语工巧，曾因三处善用“影”字，世称张三影。有《张子野词》。

天仙子[1]

时为嘉禾小倅[2]，以病眠，不赴府会。

《水调》数声持酒听[3]，午醉醒来愁未醒。送春春去几时回？临晚镜，伤流景[4]，往事后期空记省[5]。

沙上并禽池上暝[6]，云破月来花弄影[7]。重重帘幕密遮灯，风不定，人初静，明日落红应满径[8]。

（《张子野词》，上海古籍出版社 1989 年）

注释

[1] 天仙子：唐教坊舞曲，后用为词牌。段安节《乐府杂录》记载，原名为《万斯年》。

[2] 嘉禾：秀州别称，治所在今浙江嘉兴。倅（cuì）：副职，时张先任秀州通判。

[3] 水调：曲调名。

[4] 流景：像水一样的年华，逝去的光阴。

[5] 后期：瞻望未来。记：思念。省（xǐng）：省悟。

[6] 并禽：成对的鸟儿。这里指鸳鸯。暝：天黑，暮色笼罩。

[7] 弄影：风吹花草，影子也随着摇晃或移动。弄，摆弄。

[8] 落红：落花。

简析

此篇为暮春伤怀之作，是张先脍炙人口的名篇之一。上片描写词人醉酒消愁，充满落寞悲愁之情。下片则写词人在这种情绪下所视之景，描摹细腻生动。特别是“云破月来花弄影”一句，词人连用“破”和“弄”两个动词，将月下花影写得妩媚灵动，给孤寂的情怀注入了暂时的欣慰。

晏殊

晏殊（991—1055），字同叔，抚州临川（今属江西抚州）人。官至同中书门下平章事兼枢密使。谥元献。有《珠玉词》。

蝶恋花

槛菊愁烟兰泣露[1]。罗幕轻寒[2]，燕子双飞去。明月不谙离恨苦[3]，斜光到晓穿朱户[4]。

昨夜西风凋碧树[5]，独上高楼，望尽天涯路。欲寄彩笺兼尺素[6]，山长水阔知何处？

（《晏殊词新释辑评》，中国书店 2003 年）

注释

[1] 槛（jiàn）：栏杆。

[2] 罗幕：丝罗做的帷幕，借指屋子里。

[3] 谙（ān）：熟悉。离恨：一作“离别”。

[4] 朱户：朱红色的门户，指富贵人家。

[5] 凋：凋零。碧树：绿树。

[6]彩笺：彩色的信笺。尺素：书信的代称。古人写信用素绢，通常长约一尺，故称尺素，语出《古诗十九首》“客从远方来，遗我双鲤鱼。呼儿烹鲤鱼，中有尺素书”。兼：一作“无”。

简析

此词写深秋怀人，表达了离愁别恨的主题。上片描写苑中景物，运用移情于景的手法，点出离恨；下片承离恨而来，通过高楼独望生动地表现出主人公望眼欲穿的神态，充满愁苦之情。“昨夜西风凋碧树，独上高楼，望尽天涯路”这几句最为有名，被王国维《人间词话》喻为做学问的第一层境界。

梅尧臣

梅尧臣（1002—1060），字圣俞，宣州宣城（今安徽宣城）人，世称宛陵先生。召试，赐同进士出身。为国子监直讲，累迁尚书都官员外郎。与苏舜钦齐名，时号“苏梅”。被刘克庄誉为宋诗的“开山祖师”。有《宛陵先生集》。

东溪[1]

行到东溪看水时，坐临孤屿发船迟[2]。野凫眠岸有闲意[3]，老树着花无丑枝。短短蒲茸齐似剪[4]，平平沙石净于筛[5]。情虽不厌住不得[6]，薄暮归来车马疲[7]。

（《梅尧臣集编年校注》，上海古籍出版社 1980 年）

注释

[1] 东溪：即宛溪，在作者家乡安徽宣城。

[2] 孤屿：河中孤岛。

[3] 野凫（fú）：野鸭。

[4] 蒲茸：初生的菖蒲。

[5] 净于筛：像用筛子筛过一样细净。

[6] 厌：满足。住不得：再不能停留下去了。

[7] 薄暮：黄昏。

简析

这是一首充满恬淡情怀的写景诗。颔联广受称道，上句似从杜甫《漫兴》“沙上凫雏傍母眠”化出，下句又有李白《长歌行》“枯枝无丑叶”的影子，虽然是化用前人诗句，却能别出心裁，自出新意。东溪之景其实平常，但诗人因为有“闲心”，所以才看到了别人看不到的“闲意”。

欧阳修

欧阳修（1007—1072），字永叔，号醉翁，晚号六一居士，庐陵（今江西吉安）人。官至翰林学士、枢密副使、参知政事等。谥文忠。“唐宋八大家”之一。有《欧阳文忠公集》。

戏答元珍[1]

春风疑不到天涯，二月山城未见花[2]。残雪压枝犹有橘，冻雷惊笋欲抽芽[3]。夜闻归雁生乡思，病入新年感物华[4]。曾是洛阳花下客，野芳虽晚不须嗟[5]。

（《欧阳文忠公集》，上海书店 1989 年）

注释

[1] 元珍：丁宝臣，字元珍，时为峡州军事判官。

[2] 天涯、山城：均指夷陵（今湖北宜昌）。

[3] 冻雷：初春时节的雷，因天气还比较寒冷，故称。

[4] 物华：美好的景物。

[5]“曾是”句：宋仁宗天圣八年（1030）至景祐元年（1034），欧阳修曾任西京（洛阳）留守推官，洛阳以牡丹著称，他曾领略过牡丹盛况。

简析

宋仁宗景祐三年（1036），欧阳修因事被贬为峡州夷陵县令。此诗乃次年春在夷陵所作。欧阳修与峡州军事判官丁宝臣（字元珍）交好，丁曾有诗赠欧阳修，欧阳修乃作诗以答。全诗先是描写荒远山城的凄凉春景，接着抒发自己迁谪山乡的寂寞情怀及眷眷乡思，最后则自作宽慰之言，看似超脱，实是悲凉。题目冠以“戏”字，是声明此篇不过是游戏之作，其实是他受贬后政治上失意的掩饰之辞，秉承的也是“怨而不怒”的风雅传统。

朝中措·送刘仲原甫出守维扬[1]

平山阑槛倚晴空[2]，山色有无中。手种堂前垂柳，别来几度春风。

文章太守，挥毫万字，一饮千钟[3]。行乐直须年少[4]，尊前看取衰翁[5]。

（《欧阳文忠公集》，上海书店 1989 年）

注释

[1] 朝中措：词牌名。刘仲原甫：刘敞，欧阳修友人。维扬：扬州的别称。

[2] 平山阑槛：平山堂的栏杆。阑，同“栏”。平山堂是欧阳修任扬州太守时所建。

[3] 千钟：千杯。

[4] 直须：应当。

[5] 尊：同“樽”，酒杯。衰翁：词人自称，此时作者已年逾五十。

简析

宋仁宗嘉祐元年（1056），友人刘敞出守扬州，欧阳修作此词相赠。欧阳修曾于仁宗庆历八年（1048）知扬州，词中所写平山堂是他任扬州太守时所建。此词借酬赠友人之机，追忆自己扬州的生活，塑造了一个诗酒风流、豪放达观的“文章太守”形象。

踏莎行[1]

候馆梅残[2]，溪桥柳细。草薰风暖摇征辔[3]。离愁渐远渐无穷，迢迢不断如春水[4]。

寸寸柔肠[5]，盈盈粉泪[6]。楼高莫近危阑倚[7]。平芜尽处是春山[8]，行人更在春山外。

（《欧阳文忠公集》，上海书店 1989 年）

注释

[1] 踏莎（suō）行：词牌名。

[2] 候馆：迎宾候客之旅舍。

[3] 草薰：小草散发的清香。薰，香气侵袭。征辔（pèi）：行人坐骑的缰绳。辔，缰绳。

[4] 迢迢：遥远的样子。

[5] 寸寸柔肠：柔肠寸断，形容愁苦到极点。

[6] 盈盈：泪水充溢眼眶之状。粉泪：泪水流到脸上，与粉妆和在一起。

[7] 危阑：也作“危栏”，高楼上的栏杆。

[8] 平芜：平坦的草地。芜，草地。

简析

这首词写的是南方早春时节的离愁别绪。游子思妇是中国古代诗歌中经常出现的吟咏对象，欧阳修的这首词对传统题材的抒写别有情趣。它以乐景写愁情，巧妙地运用了托物兴怀、情景相生的艺术手法，意境优美，耐人寻味。

蝶恋花

庭院深深深几许，杨柳堆烟[1]，帘幕无重数。玉勒雕鞍游冶处[2]，楼高不见章台路[3]。

雨横风狂三月暮[4]，门掩黄昏，无计留春住。泪眼问花花不语，乱红飞过秋千去[5]。

（《欧阳文忠公集》，上海书店 1989 年）

注释

[1] 杨柳堆烟：杨柳依依，如烟似雾。

[2] 玉勒雕鞍：指华贵的车马。玉勒，镶玉的马笼头。雕鞍，雕饰的马鞍。游冶处：指歌妓所在处。

[3] 章台：汉代长安街道名，是歌妓聚居地。

[4] 雨横：雨势很大。

[5] 乱红：凌乱的落花。

简析

关于这首词的作者，有人认为是冯延巳，但李清照认为当是欧阳修。此词是闺怨之作，上片写公子王孙赴青楼裘马轻狂，下片写歌妓伤春感时自嗟自叹。“泪眼问花花不语，乱红飞过秋千去”，意境深远，情思绵邈，向来为世人所称道。

王安石

王安石（1021—1086），字介甫，号半山，抚州临川（今属江西抚州）人。官至宰相，主持“熙宁变法”。封荆国公，谥文。世称临川先生、王荆公、王文公。“唐宋八大家”之一。有《临川集》等。

明妃曲（其一）[1]

明妃初出汉宫时，泪湿春风鬓脚垂[2]。低徊顾影无颜色[3]，尚得君王不自持[4]。归来却怪丹青手[5]，入眼平生几曾有；意态由来画不成，当时枉杀毛延寿[6]。一去心知更不归，可怜着尽汉宫衣[7]；寄声欲问塞南事[8]，只有年年鸿雁飞。家人万里传消息，好在毡城莫相忆[9]；君不见咫尺长门闭阿娇[10]，人生失意无南北。

（《临川先生文集》，中华书局上海编辑所 1959 年）

注释

[1] 明妃：即王昭君，汉元帝宫女。晋人避司马昭讳，改“昭”为“明”，后人沿用。

[2] 春风：比喻面容之美。杜甫《咏怀古迹五首》咏昭君有“画图省识春风面”之句。这里的春风即春风面的略称。

[3] 低徊：低着头徘徊不前。顾影：顾影自怜。无颜色：因伤心而失去平常的姿色。

[4] 不自持：不能控制自己的感情。

[5] 丹青手：画师。

[6] 毛延寿：宫廷画师。据《西京杂记》，汉元帝宫人甚多，不得常见，乃使画工画像，按图召幸。诸宫人贿赂画工，唯独王昭君不肯，于是画工将其丑化。后匈奴入朝，求美人和亲，元帝令昭君远嫁。辞行之际，发现昭君乃绝世美人，但已无法挽回。元帝一怒之下斩杀画工，毛延寿也在其中。

[7] 着尽汉宫衣：指昭君全身仍穿着汉服。

[8] 塞南：指汉王朝。

[9] 毡城：此指匈奴王宫。游牧民族以毡为帐篷。

[10] 咫尺：极言其近。长门闭阿娇：汉武帝曾将陈皇后幽禁在长门宫。长门，宫殿名。阿娇，陈皇后的小名。

简析

明妃曲，古乐府旧题。这首诗作于宋仁宗嘉祐四年（1059），原作二首，此为其一。王安石思想大胆，常言人之未敢言，刻意翻新出奇，《明妃曲》就是在做翻案文章。王安石认为昭君美貌非常，她的气质神韵画师画不出来，毛延寿被杀实属冤枉。王安石刻画明妃爱国思乡感情的纯洁深厚，并有意把这种感情与个人恩怨区别开来，尤为卓见。

苏轼

苏轼（1037—1101），字子瞻，号东坡居士，眉州眉山（今属四川）人。官至翰林学士知制诰。谥文忠。“唐宋八大家”之一，与欧阳修并称“欧苏”，与黄庭坚并称“苏黄”，与辛弃疾并称“苏辛”。有《苏东坡集》《东坡乐府》等。

和子由渑池怀旧[1]

人生到处知何似，应似飞鸿踏雪泥。泥上偶然留指爪，鸿飞那复计东西。老僧已死成新塔[2]，坏壁无由见旧题[3]。往日崎岖还记否，路长人困蹇驴嘶[4]。

（《苏轼诗集》，中华书局 1982 年）

注释

[1] 子由：苏辙，字子由，苏轼之弟。苏轼途经渑池（今属河南）作此诗，和苏辙《怀渑池寄子瞻兄》之作。

[2] 老僧：指五年前在此见到的奉闲和尚。新塔：僧人死后火化，以塔葬其骨灰。

[3] 坏壁：指奉闲的僧舍。嘉祐元年（1056），苏轼与苏辙赴京应举途中曾寄宿奉闲僧舍并题诗僧舍之壁。

[4] 蹇（jiǎn）驴：腿脚不灵便的驴子。蹇，跛脚。苏轼自注：“往岁，马死于二陵（按：二陵即崤山），骑驴至渑池。”

简析

宋仁宗嘉祐六年（1061）冬，苏轼赴任陕西路过渑池。其弟苏辙难遣手足分离之情，写《怀渑池寄子瞻兄》寄赠，此诗为作者和诗。这首诗表达了对人生来去无定的怅惘，以及对往事旧迹的深情眷念。其中“飞鸿雪泥”比喻贴切，展示了人生匆匆、去留无迹的感悟。全诗悲凉中有达观，低沉中有昂扬，读完并不觉得空幻，反有一种旷达超脱之情荡漾心中。此种亦庄亦禅的人生哲学，正是典型的古代士大夫的格调。

江城子·乙卯正月二十日夜记梦[1]

十年生死两茫茫[2]，不思量[3]，自难忘。千里孤坟[4]，无处话凄凉。纵使相逢应不识，尘满面，鬓如霜[5]。

夜来幽梦忽还乡[6]，小轩窗[7]，正梳妆。相顾无言，惟有泪千行。料得年年肠断处[8]，明月夜，短松冈[9]。

（《苏轼词编年校注》，中华书局 2002 年）

注释

[1] 乙卯（mǎo）：北宋熙宁八年（1075）。当时苏轼任密州知州。

[2] 十年：指结发妻子王弗去世已十年。

[3] 思量：想念。

[4] 千里：王弗葬地四川眉山与苏轼任所山东密州相隔遥远，故称“千里”。

[5]“尘满面”二句：形容饱经沧桑，面容憔悴。

[6] 幽梦：梦境隐约，故云幽梦。

[7] 小轩窗：指小室的窗前。小轩，有窗槛的小屋。

[8] 料得：料想。肠断处：一作“断肠处”。

[9] 短松冈：指苏轼亡妻坟墓所在的山冈。短松，矮松。苏轼曾在山冈上植松数千株。孟棨《本事诗·征异》载张姓妻孔氏诗：“欲知肠断处，明月照孤坟。”苏轼此处化用该诗。

简析

苏轼十九岁时，与年方十六岁的王弗结婚。王弗年轻貌美，且侍亲甚孝，二人恩爱情深。可惜天命无常，王弗二十七岁不幸去世。苏轼《亡妻王氏墓志铭》："治平二年五月丁亥，赵郡苏轼之妻王氏，卒于京师。六月甲午，殡于京城之西。其明年六月壬午，葬于眉之东北彭山县安镇乡可龙里先君、先夫人墓之西北八步。"这是苏轼为悼念王弗而写的一首悼亡词。《诗经》中已有"悼亡"题材，此后最有名的悼亡诗当属西晋潘岳和中唐元稹之创作，而用词写悼亡则是苏轼首创。这首词上阕写词人对亡妻深沉的思念，写实；下阕记述梦境，抒写词人对亡妻执着不舍的深情，写虚。全词采用白描手法，出语如话家常，字字出自肺腑，平淡中寄寓真淳。此词情意缠绵，声声血泪，表现了绵绵不尽的哀伤和思念。

江城子·密州出猎[1]

老夫聊发少年狂[2]，左牵黄[3]，右擎苍[4]。锦帽貂裘[5]，千骑卷平冈[6]。为报倾城随太守[7]，亲射虎，看孙郎[8]。

酒酣胸胆尚开张[9]，鬓微霜[10]，又何妨。持节云中[11]，何日遣冯唐[12]？会挽雕弓如满月[13]，西北望，射天狼[14]。

（《苏轼词编年校注》，中华书局 2002 年）

注释

[1] 密州：今山东诸城。

[2] 老夫：作者自称，时年三十九。聊：姑且，暂且。狂：豪情。

[3] 左牵黄：左手牵着黄犬。黄，黄犬。

[4] 右擎（qíng）苍：右臂擎着苍鹰。苍，苍鹰。

[5] 锦帽貂裘：名词用作动词，头戴华美帽子，身穿貂鼠皮衣。

[6] “千骑”句：形容很多马奔跑时尘土飞扬，像卷席子一般掠过山冈。

[7] 倾城：全城的人都出来，形容随观者之众。太守：指作者自己。

[8] 孙郎：三国时吴主孙权。

[9] “酒酣”句：尽兴畅饮，胸怀开阔，胆气横生。尚，更。

[10] 微霜：稍白。

[11] 节：符节，古代使者所持以证明身份。云中：汉时郡名，今内蒙古托克托县一带。

[12] 冯唐：西汉大臣。据《史记 · 张释之冯唐列传》记载：汉文帝时，魏尚为云中太守，抵御匈奴有功，只因报功时少报六个首级而获罪削职。后来，文帝采纳冯唐劝谏，派冯唐持符节到云中赦免了魏尚。

[13] 会：定将。挽：拉。雕弓：弓背上有雕花的弓。满月：圆月。

[14] 天狼：星名，又称犬星，旧说主侵掠，这里隐喻侵犯北宋边境的辽与西夏。

简析

这首词作于宋神宗熙宁八年（1075）冬，当时苏轼任密州知州。作品通过描写一次出猎的壮观场面，借历史典故抒发了作者杀敌报国的雄心壮志，并委婉地表达了期盼得到朝廷重用的愿望。这首词气象恢宏，豪迈奔放，一反传统词作柔弱的格调，充满阳刚之气。

水调歌头

丙辰中秋[1]，欢饮达旦[2]，大醉，作此篇，兼怀子由[3]。

明月几时有？把酒问青天[4]。不知天上宫阙[5]，今夕是何年。我欲乘风归去，又恐琼楼玉宇[6]，高处不胜寒[7]。起舞弄清影[8]，何似在人间。

转朱阁[9]，低绮户[10]，照无眠[11]。不应有恨，何事长向别时圆？人有悲欢离合，月有阴晴圆缺，此事古难全。但愿人长久[12]，千里共婵娟[13]。

（《苏轼词编年校注》，中华书局 2002 年）

注释

[1] 丙辰：宋神宗熙宁九年（1076）。

[2] 达旦：到清晨。

[3] 子由：苏轼的弟弟苏辙的字。当时苏辙任齐州（今山东济南）节度掌书记。

[4] 把酒：端起酒杯。把，端，持。

[5] 天上宫阙：指月中宫殿。

[6] 琼楼玉宇：美玉砌成的楼宇，指想象中的仙宫。

[7] 不胜：经受不住。

[8] 弄清影：意思是月光下的身影也跟着做出各种舞姿。

[9] 朱阁：朱红的华丽楼阁。

[10] 绮户：雕饰华丽的门窗。

[11] 照无眠：月光照着无法入睡的人，指词人自己。

[12] 但愿：只愿。

[13] 婵娟：指月亮。

简析

这首词是苏轼于宋神宗熙宁九年（1076）中秋在密州时所作。此词既有对宇宙哲理的思考，又有对人间亲情的感怀。它孤高旷远，豪放洒脱，是历来公认的中秋诗词中的绝唱。南宋胡仔《苕溪渔隐丛话》说："中秋词，自东坡《水调歌头》一出，余词尽废。"可谓中的之评。

卜算子

黄州定惠院寓居作。[1]

缺月挂疏桐，漏断人初静[2]。谁见幽人独往来[3]，缥缈孤鸿影[4]。

惊起却回头，有恨无人省[5]。拣尽寒枝不肯栖，寂寞沙洲冷[6]。

（《苏轼词编年校注》，中华书局 2002 年）

注释

[1] 定惠院：一作定慧院，在今湖北黄冈东南。苏轼初贬黄州，寓居于此。苏轼另有《游定惠院记》一文。

[2] 漏断：漏壶里的水滴尽了，指深夜。漏，古人计时用的漏壶。

[3] 幽人：幽居的人。

[4] 缥缈：隐隐约约，若有若无。孤鸿：孤雁。

[5] 省（xǐng）：理解，明白。

[6] 沙洲：江河中由泥沙淤积而成的小块陆地。

简析

这首词是苏轼初贬黄州寓居定惠院时所作。月明之夜，万籁俱静，一只孤鸿寂寞地在夜色中飞翔，却无枝可依。此种意境，高旷洒脱，绝尘去俗，空灵飞动。

蝶恋花·春景[1]

花褪残红青杏小[2]。燕子飞时，绿水人家绕。枝上柳绵吹又少[3]，天涯何处无芳草[4]？

墙里秋千墙外道，墙外行人，墙里佳人笑。笑渐不闻声渐悄，多情却被无情恼[5]。

（《苏轼词编年校注》，中华书局 2002 年）

注释

[1] 春景：题名据《宋六十名家词》。

[2] “花褪”句：指杏花刚刚凋谢，青色的小杏正在成形。褪（tuì），萎谢。

[3] 柳绵：柳絮。

[4] “天涯”句：指春暖大地，处处长满芳草。

[5] 多情：指墙外行人过分多情。却被：反被。无情：指墙内荡秋千的佳人毫无觉察。

简析

苏轼长于豪放，亦擅婉约，这是一首描写春景的清新婉丽之作，表现了词人对春光流逝的叹息以及自己的情感不为人知的烦恼。词意婉转，于清新中蕴含哀怨，于婉丽中透出伤情，意境朦胧。王士祯《花草蒙拾》说：“枝上柳绵，恐屯田缘情绮靡，未必能过。”指出这首词与风格婉约的柳永词不相上下。

定风波

三月七日，沙湖道中遇雨[1]。雨具先去，同行皆狼狈，余独不觉，已而遂晴[2]，故作此词。

莫听穿林打叶声，何妨吟啸且徐行[3]。竹杖芒鞋轻胜马[4]，谁怕？一蓑烟雨任平生[5]。

料峭春风吹酒醒[6]，微冷，山头斜照却相迎[7]。回首向来萧瑟处[8]，归去，也无风雨也无晴[9]。

（《苏轼词编年校注》，中华书局 2002 年）

注释

[1] 沙湖：在今湖北黄冈东南三十里。

[2] 已而：过了一会儿。

[3] 吟啸：吟咏，歌啸。

[4] 芒鞋：草鞋。

[5] “一蓑”句：披着蓑衣在风雨里过一辈子也处之泰然。蓑（suō），蓑衣，用草或棕毛制成的雨披。

[6] 料峭：形容春寒。

[7] 斜照：偏西的阳光。

[8] 向来：方才。萧瑟：风雨吹打树叶的声音。

[9] “也无”句：风雨也罢，天晴也好，都不放在心上，意谓宠辱不惊。

简析

这首记事抒怀之词作于宋神宗元丰五年（1082）春，是苏轼因“乌台诗案”被贬为黄州团练副使的第三个春天。词人感悟到，自然界的雨晴既属寻常，毫无差别，社会人生中的政治风云、荣辱得失又何足挂齿？作品表现出苏轼旷达超逸的胸襟，寄寓着宠辱不惊的感悟，充满清旷豪放之气。

念奴娇·赤壁怀古[1]

大江东去[2]，浪淘尽[3]，千古风流人物[4]。故垒西边[5]，人道是，三国周郎赤壁[6]。乱石穿空，惊涛拍岸，卷起千堆雪[7]。江山如画，一时多少豪杰。

遥想公瑾当年，小乔初嫁了[8]，雄姿英发。羽扇纶巾[9]，谈笑间，樯橹灰飞烟灭[10]。故国神游[11]，多情应笑我[12]，早生华发[13]。人生如梦[14]，一尊还酹江月[15]。

（《苏轼词编年校注》，中华书局 2002 年）

注释

[1] 赤壁：此指黄州赤壁，一名“赤鼻矶”，在今湖北黄冈西。三国古战场的赤壁，在今湖北赤壁蒲圻县西北。

[2] 大江：指长江。

[3] 淘：冲洗，冲刷。

[4] 风流人物：指杰出的历史名人。

[5] 故垒：过去遗留下来的营垒。

[6] 周郎：指三国时吴国名将周瑜，字公瑾。少年得志，二十四岁为中郎将，掌管东吴重兵，吴中皆呼为“周郎”。

[7] 雪：比喻洁白的浪花。

[8]“小乔”句：《三国志·吴书·周瑜传》载，周瑜从孙策攻皖，“时得桥（乔）公两女，皆国色也。策自纳大桥（乔），瑜纳小桥（乔）。”其时在赤壁之战前十年，此处言“初

嫁”，是言其少年得意，倜傥风流。

[9] 羽扇纶（guān）巾：古代儒将的便装打扮。羽扇，羽毛制成的扇子。纶巾，青丝制成的头巾。

[10] 樯（qiáng）橹（lǔ）：这里代指曹操的水军战船。樯，挂帆的桅杆。橹，一种摇船的桨。“樯橹”一作“强虏”。

[11] 故国神游：“神游故国”的倒文。故国，旧地，指当年赤壁战场。神游，于想象、梦境中游历。

[12] “多情”句：“应笑我多情”的倒文。

[13] 华发（fà）：花白的头发。

[14] 人生如梦：又作“人间如梦”。

[15] 一尊还（huán）酹（lèi）江月：以酒浇在地上祭奠，这里指洒酒祭月，寄托自己的感情。尊：通“樽”，酒杯。

简析

这首词作于宋神宗元丰五年（1082）七月，是苏轼47岁贬居黄州时游长江边赤壁矶时所作。通过对赤壁雄奇景色的描写，表现了词人对周瑜谈笑破敌的英雄业绩的向往，抒发了词人对自己功业无成而白发已生的感慨。此词对于一度盛行缠绵悱恻之风的北宋词坛具有振聋发聩的作用，是豪放词的代表作。

晏几道

晏几道（1038—1110），字叔原，号小山，抚州临川（今江西抚州）人，历任颍昌府许田镇监、乾宁军通判、开封府判官等职。晏殊之子，一般称晏殊为大晏，称晏几道为小晏。有《小山词》。

临江仙

梦后楼台高锁，酒醒帘幕低垂。去年春恨却来时[1]。落花人独立，微雨燕双飞。

记得小苹初见[2]，两重心字罗衣[3]。琵琶弦上说相思[4]。当时明月在，曾照彩云归[5]。

（《小山词》，上海古籍出版社 1988 年）

注释

[1]“去年”句：去年春天离别的愁恨恰巧这时又来到心头。却来，又来，再来。

[2] 小苹：歌女名。

[3] 心字罗衣：用一种心字香薰过的罗衣。

[4]“琵琶”句：通过琵琶的演奏诉说相思之情。

[5] 彩云：比喻小苹。

简析

这首词抒发作者对歌女小苹的怀念之情。晏几道曾经与歌女小苹有过一段难忘的恋情，在作者心中留下了美好的记忆。而今风流云散，词人抚今追昔，不免陷入深深的相思和迷惘之中。

鹧鸪天

彩袖殷勤捧玉钟[1]，当年拚却醉颜红[2]。舞低杨柳楼心月，歌尽桃花扇底风[3]。

从别后，忆相逢，几回魂梦与君同[4]。今宵剩把银釭照[5]，犹恐相逢是梦中。

（《小山词》，上海古籍出版社 1988 年）

注释

[1] 彩袖：代指穿彩衣的歌女。玉钟：珍贵的酒杯。

[2] 拚（pàn）却：甘愿，不顾惜。却，语气助词。

[3]“舞低”与“歌尽”句：歌女舞姿曼妙，直舞到挂在杨柳树梢照到楼心的一轮明月沉下去；歌女清歌婉转，直唱到扇底儿风消歇（累了停下来），极言歌舞时间之久。桃花扇，歌舞时用作道具的扇子，上绘桃花。

[4] 同：聚在一起。

[5] 剩：只管。银釭（gāng）：银质灯盏。

简析

这首词委婉细腻，情深意浓而又风流妩媚。写悲感，写欢情，都是那样真挚深沉，感人肺腑。小晏善写风流之情，欢娱之境，相思之痛，极尽沉郁之致，荡气回肠之胜，又能表现出纯真无邪的品性，使人不觉其卑俗，不感其淫亵，令人回味无穷。

秦观

秦观（1049—1100），字太虚，又字少游，号淮海居士，世称淮海先生。扬州高邮（今属江苏）人。官至太学博士、国史馆编修。因坐元祐党籍被贬，辗转处州、郴州、横州、雷州等地。“苏门四学士”之一。有《淮海集》。

满庭芳

山抹微云，天连衰草[1]，画角声断谯门[2]。暂停征棹[3]，聊共引离尊[4]。多少蓬莱旧事[5]，空回首、烟霭纷纷[6]。斜阳外，寒鸦万点，流水绕孤村。

销魂[7]，当此际，香囊暗解[8]，罗带轻分。谩赢得青楼[9]，薄幸名存[10]。此去何时见也？襟袖上、空惹啼痕。伤情处，高城望断，灯火已黄昏。

（《淮海居士长短句》，上海古籍出版社 1985 年）

注释

[1] 连：一作“粘”。

[2] 画角：外饰彩绘的号角。谯（qiáo）门：城门楼。

[3] 征棹（zhào）：远行的船。

[4] 引：拿。

[5] 蓬莱旧事：男女爱情的往事。

[6] 烟霭：指云雾。

[7] 销魂：形容因悲伤或快乐到极点而心神恍惚的样子。

[8] 香囊：香袋，男女定情之物。

[9] 谩：空，徒然。

[10] 薄幸：薄情。

简析

徐培均《秦观词新释辑评》认为此词作于宋神宗元丰二年（1079）岁暮，创作地点在会稽（今浙江绍兴），写秦观与越地一位歌伎的恋情。此词虽写艳情，却能融入仕途不遇前尘似梦的身世之感。上阕写景，引出别意，高旷辽阔中显出冷峻衰飒。下阕用白描直抒伤心往事，展示自己落拓江湖不得志的感受。全词情调凄婉，至情至性。

鹊桥仙[1]

纤云弄巧[2]，飞星传恨[3]，银汉迢迢暗度[4]。金风玉露一相逢[5]，便胜却、人间无数。

柔情似水，佳期如梦，忍顾鹊桥归路[6]。两情若是久长时，又岂在、朝朝暮暮[7]。

（《淮海居士长短句》，上海古籍出版社 1985 年）

注释

[1] 鹊桥仙：词牌名，调名源自牛郎织女七夕相会之事。

[2] 纤云弄巧：纤薄的云彩呈现出巧妙的花样。

[3] “飞星”句：流星为牛郎织女传递离愁别恨。飞星，流星。

[4] 银汉：银河。迢迢：遥远的样子。暗度：悄悄渡过。

[5] “金风”句：指牛郎织女七夕相会。金风，秋风。玉露，白色的露珠。

[6] 忍顾：怎忍回视。

[7] 朝朝暮暮：指朝夕相聚。语出宋玉《高唐赋》。

简析

这首词取材于广为流传的牛郎织女的故事，感慨于男女主人公的悲欢离合。全词哀乐交织，融天上人间为一体，熔抒情与议论于一炉，优美的形象与深沉的感情结合起来，讴歌了天长地久的忠贞爱情。

踏莎行[1]

雾失楼台[2]，月迷津渡[3]，桃源望断无寻处[4]。可堪孤馆闭春寒[5]，杜鹃声里斜阳暮[6]。

驿寄梅花[7]，鱼传尺素[8]，砌成此恨无重数[9]。郴江幸自绕郴山[10]，为谁流下潇湘去[11]。

（《淮海居士长短句》，上海古籍出版社 1985 年）

注释

[1] 踏莎行：词牌名。此词一题作“郴州旅舍”。郴（chēn）州：今属湖南。

[2] 雾失楼台：楼台消失在浓雾中。

[3] 月迷津渡：月色朦胧，渡口迷失不见。

[4] 桃源：语出晋陶渊明《桃花源记》，指理想的地方。无寻处：找不到。

[5] 可堪：怎堪，受不住。

[6] 杜鹃：鸟名，相传其鸣叫声像人言“不如归去”，容易勾起人的思乡之情。

[7] 驿寄梅花：陆凯《赠范晔诗》：“折梅逢驿使，寄与陇头人。江南无所有，聊寄一枝春。”这里作者是将自己比作范晔，表示收到了来自远方的问候。

[8] 鱼传尺素：蔡邕《饮马长城窟行》中有“客从远方来，遗我双鲤鱼。呼儿烹鲤鱼，中有尺素书”。另外，古时舟车劳顿，信件很容易损坏，古人便将信件放入匣子中，再将信匣刻成鱼形，美观而又方便携带。“鱼传尺素”成了传递书信的代名词。这里表示接到朋友书信的意思。

[9] 砌：堆积。无重数：数不尽。

[10] 幸自：本自，本来是。

[11] 潇湘：潇水和湘水，湖南境内的两条河流，合流后称湘江，又称潇湘。

简析

此词作于宋哲宗绍圣四年（1097）春三月，秦观因党争遭贬，远徙郴州。初抵郴州，客居旅店，精神上非常苦闷。上片写谪居中寂寞凄冷的自然环境，下片写远方友人的问候与安慰。全词以委婉曲折的笔法，抒写了凄苦哀怨的心情，表现了失意者的怅惘之情和对前途的渺茫之感。

贺铸

贺铸（1052—1125），字方回，自号庆湖遗老，卫州（今河南卫辉）人。宋太祖贺皇后族孙。长相丑陋，面色青黑如铁，人称“贺鬼头”。有《东山词》。

鹧鸪天

重过阊门万事非[1]，同来何事不同归[2]？梧桐半死清霜后[3]，头白鸳鸯失伴飞。

原上草，露初晞[4]，旧栖新垅两依依[5]。空床卧听南窗雨，谁复挑灯夜补衣。

（《东山词》，上海古籍出版社 1989 年）

注释

[1] 阊（chāng）门：苏州城西门，此处代指苏州。

[2] 何事：为什么。

[3] 梧桐半死：枚乘《七发》中说，“龙门之桐”，“其根半死半生”。这里用来比拟丧偶。清霜后：秋天，此指年老。

[4]“原上草”二句：形容人生短促，如草上露水易干。语出汉乐府《薤露》。晞（xī），干。

[5] 旧栖：指过去同居的住所。新垅：指亡妻的新坟。

简析

这首词是宋徽宗建中靖国元年（1101）贺铸从北方回到苏州时悼念亡妻所作。贺铸妻赵氏，为宋宗室济国公赵克彰之女。贺铸一生辗转各地担任低级官职，郁郁不得志，年近五十闲居苏州三年，其间相濡以沫甘苦与共的妻子亡故。今重游故地，想起亡妻，物是人非，作词以寄哀思。这是一首情真意切、语深辞美、哀伤动人的悼亡词，是中国文学史上与潘岳《悼亡》、元稹《遣悲怀》、苏轼《江城子·乙卯正月二十日夜记梦》等同类题材作品并传不朽的名篇。

青玉案

凌波不过横塘路[1]，但目送、芳尘去[2]。锦瑟华年谁与度[3]？月桥花院[4]，琐窗朱户[5]，只有春知处。

碧云冉冉蘅皋暮[6]，彩笔新题断肠句[7]。试问闲愁都几许[8]？一川烟草[9]，满城风絮，梅子黄时雨[10]。

（《东山词》，上海古籍出版社 1989 年）

注释

[1] 凌波：形容女子步态轻盈。曹植《洛神赋》："凌波微步，罗袜生尘。"横塘：大塘名，在今苏州西南，是贺铸隐居之所。

[2] 芳尘：美人走路时扬起的尘土。

[3] 锦瑟华年：指美好的青春。锦瑟，饰有彩纹的瑟。语出李商隐《锦瑟》："锦瑟无端五十弦，一弦一柱思华年。"

[4] 月桥花院：一作"月台花榭"。月桥，像月亮似的小拱桥。花院，花木环绕的庭院。

[5] 琐窗：雕绘连锁花纹的窗子。朱户：朱红的大门。

[6] 碧：一作"飞"。冉冉：缓缓流动。蘅皋（hénggāo）：长着香草的水中高地。

[7] 彩笔：比喻写作才华。《南史·江淹传》："淹少以文章显，晚节才思微退……尝宿于冶亭，梦一丈夫自称郭璞，谓淹曰：'吾有笔在卿处多年，可以见还。'淹乃探怀中得五色笔以授之。尔后为诗，绝无美句。时人谓之才尽。"

[8] 试问：一作"若问"。闲愁：一作"闲情"。都几许：总共多少。

[9] 一川：遍地，一片。

[10]"梅子"句：江南一带初夏梅子成熟时多连绵之雨，俗称"梅雨"。

简析

贺铸为人耿直，不媚权贵，一生沉抑下僚，怀才不遇。“美人”“香草”历来又是高洁之士的象征，因此，作者很可能以此自比。居住在香草泽畔的美人清冷孤寂，正是作者怀才不遇的形象写照。当然，径直把它看作一首情词，抒写的是对美好情感的追求和可望而不可即的怅惘，亦无不可。贺铸有“贺梅子”之称，就是由这首词末句引起，可见这首词影响之大。

周邦彦

周邦彦（1056—1121），字美成，号清真居士，钱塘（今浙江杭州）人。历任地方官多年，徽宗时提举大晟府。精通音律，创制新词调。有《清真集》(又名《片玉集》)。

苏幕遮

燎沉香[1]，消溽暑[2]。鸟雀呼晴[3]，侵晓窥檐语[4]。叶上初阳干宿雨[5]，水面清圆[6]，一一风荷举[7]。

故乡遥，何日去？家住吴门[8]，久作长安旅[9]。五月渔郎相忆否？小楫轻舟[10]，梦入芙蓉浦[11]。

(《清真集校注》，中华书局 2002 年)

注释

[1] 燎（liáo）：细焚。沉香：一种名贵香料，置水中则下沉，故又名沉水香，其香味可辟恶气。

[2] 溽（rù）暑：夏天闷热潮湿的暑气。

[3] 呼晴：唤晴。旧有鸟鸣可占晴雨之说。

[4] 侵晓：快天亮的时候。侵，渐近。

[5] 宿雨：夜晚的雨。

[6] 清圆：清润圆正。

[7] "一一"句：迎着晨风，每一片荷叶都挺出水面。

[8] 吴门：苏州旧为吴郡治所，称吴门，此处以吴门泛指吴越一带。周邦彦是钱塘人，钱塘古属吴郡。

[9] 长安：原指今西安，唐以前此地久作都城，故后世每借指京都。词中借指汴京（今河南开封）。

[10] 楫（jí）：短桨。

[11] 芙蓉浦：有荷花的水边，这里指杭州西湖。芙蓉，荷花的别称。浦，水湾，河流。

简析

这是周邦彦创作的一首小令，由眼前的荷花想到故乡的荷花，游子浓浓的思乡之情跃然纸上。词中对荷花的传神描写被王国维《人间词话》评为“真能得荷之神理者”，为咏荷之绝唱。全词语出天然，不加雕饰而风情万种。

李清照

李清照（1084—约1151），女，号易安居士，济南章丘（今属山东）人。有《漱玉词》。

一剪梅[1]

红藕香残玉簟秋[2]。轻解罗裳，独上兰舟[3]。云中谁寄锦书来[4]？雁字回时[5]，月满西楼。

花自飘零水自流。一种相思，两处闲愁。此情无计可消除，才下眉头，却上心头。

（《李清照集笺注》，上海古籍出版社2002年）

注释

[1] 一剪梅：词牌名。

[2] 玉簟（diàn）秋：时至深秋，精美的竹席已嫌清冷。玉簟，席子的美称。

[3] 兰舟：坚硬而有香味的木兰树制成的船，船的美称。

[4] 锦书：书信的美称。

[5] 雁字：雁群飞时，列“一”字或“人”字形，故云。

简析

宋徽宗建中靖国元年（1101），十八岁的李清照嫁给太学生赵明诚，新婚宴尔，如胶似漆，但赵明诚不久就负笈远游。据元伊士珍《琅嬛记》引《外传》云：“易安结缡未久，明诚即负笈远游。易安殊不忍别，觅锦帕书《一剪梅》词以送之。”这是一首格调清新的别情词。词作不仅写自己的相思之苦，闲愁之深，还由己及人，以见两人心心相印。全词对初婚少妇丰富细腻的心理刻画细致入微，不落俗套。

醉花阴

薄雾浓云愁永昼[1]，瑞脑消金兽[2]。佳节又重阳，玉枕纱厨[3]，半夜凉初透。

东篱把酒黄昏后[4]，有暗香盈袖。莫道不消魂[5]，帘卷西风[6]，人比黄花瘦[7]。

（《李清照集笺注》，上海古籍出版社2002年）

注释

[1] 云：一作“雰”。永昼：漫长的白天。

[2] 瑞脑：龙脑，一种香料。消，一作“销”。金兽：兽形的铜香炉。

[3] 玉枕：瓷枕、石枕的美称。纱厨：防蚊蝇的纱帐。

[4] 东篱：泛指采菊之地。语出陶渊明《饮酒》：“采菊东篱下，悠然见南山。”

[5] 消魂：同“销魂”，形容极度愁苦。

[6] 帘卷西风：秋风吹动帘子。西风，秋风。

[7] 比：一作“似”。黄花：指菊花。

简析

这首词抒发的是李清照重阳佳节思念丈夫的心情。婚后不久，丈夫负笈远游。崇宁二年（1103），时届重九，人逢佳节倍思亲，她便写了这首词寄给赵明诚。作品通过描述作者重阳节把酒赏菊的情景，烘托了一种凄凉寂寥的氛围，表达了作者思念丈夫时孤独寂寞的心情。

渔家傲

天接云涛连晓雾，星河欲转千帆舞[1]。仿佛梦魂归帝所[2]。闻天语[3]，殷勤问我归何处[4]。

我报路长嗟日暮[5]，学诗谩有惊人句[6]。九万里风鹏正举[7]。风休住，蓬舟吹取三山去[8]！

（《李清照集笺注》，上海古籍出版社 2002 年）

注释

[1] 星河：银河。

[2] 帝所：天帝居住的地方。

[3] 天语：天帝的话语。

[4] 殷勤：关心地。

[5] 路长：化用屈原《离骚》“路漫漫其修远兮，吾将上下而求索”。嗟（jiē）：慨叹。日暮：化用屈原《离骚》“欲少留此灵琐兮，日忽忽其将暮”。

[6] 谩有：空有。

[7] 九万里：《庄子·逍遥游》中说大鹏乘风飞上九万里高空。鹏：神话传说中的大鸟。举：飞起。

[8] 蓬舟：像蓬蒿一样被风吹得到处打转的船。吹取：吹得。三山：传说海上有蓬莱、方丈、瀛洲三座仙山。

简析

这首词作于李清照南渡之后。据《金石录后序》记载，宋高宗建炎四年（1130）春，李清照曾在海上航行，历尽风涛之险，此词所写与这段真实的经历有关。这首词把真实的生活感受融入梦境，把屈原《离骚》、庄子《逍遥游》以及神话传说糅进词章，使梦幻与生活、历史与现实融为一体，构成气度恢宏、格调雄奇的意境，充分显示了作者性情中豪放不羁的一面，是李清照的另类作品，具有明显的豪放派风格。

声声慢

寻寻觅觅[1]，冷冷清清，凄凄惨惨戚戚[2]。乍暖还寒时候[3]，最难将息[4]。三杯两盏淡酒，怎敌他、晚来风急[5]？雁过也，正伤心，却是旧时相识。

满地黄花堆积，憔悴损[6]，如今有谁堪摘？守著窗儿[7]，独自怎生得黑[8]？梧桐更兼细雨，到黄昏、点点滴滴。这次第[9]，怎一个愁字了得[10]！

（《李清照词集》，上海古籍出版社 2014 年）

注释

[1] 寻寻觅觅：到处寻找，表现百无聊赖、迷茫失落的样子。

[2] “凄凄”句：忧愁苦闷的样子。

[3] 乍暖还（huán）寒：指天气忽暖忽冷。

[4] 将息：休养调理，是当时俗语。

[5] 怎敌他：对付，抵挡。晚：一作“晓”。

[6] 损：极，此处是程度副词。

[7] 著：也写作“着”。

[8] 怎生：怎样。

[9] 次第：光景，情形。

[10] “怎一个”句：一个“愁”字怎么能概括得尽呢？

简析

这首词作于李清照南渡之后。靖康之耻后李清照历经国破家亡之痛，词中再没有青春年少时的清新可人浅斟低唱，而转为悲切凄楚欲语泪流。此词艺术上最为人称道的是用了九对叠字，如大珠小珠落玉盘，使寂寞、怅惘、悲苦的感情得以尽情地倾泻。

岳飞

岳飞（1103—1142），字鹏举，相州汤阴（今河南安阳汤阴县）人，南宋抗金名将。岳飞被秦桧以“莫须有”的罪名杀害，宋孝宗时冤狱得以平反，追谥武穆。有《岳武穆集》。

小重山

昨夜寒蛩不住鸣[1]。惊回千里梦[2]，已三更[3]。起来独自绕阶行。人悄悄，帘外月胧明[4]。

白首为功名[5]。旧山松竹老[6]，阻归程。欲将心事付瑶琴[7]。知音少[8]，弦断有谁听？

（《岳武穆集》，明嘉靖十五年刊本）

注释

[1] 寒蛩（qióng）：秋天的蟋蟀。

[2] 千里梦：指赴千里外杀敌报国的梦。

[3] 三更：半夜十一时至次日凌晨一时。

[4] 月胧明：月光不明。胧，朦胧。

[5] 功名：这里指为驱逐金兵收复失地而建功立业。

[6] 旧山：家乡的山。

[7] 瑶（yáo）琴：饰以美玉的琴。

[8] 知音：知心朋友。

简析

这首词是夜深人静时岳飞诉说自己内心苦闷的作品。当时投降派猖獗，主战派受到打压，对此情形，岳飞无可奈何。作品多用比喻，曲折地道出心事，含蓄委婉，寓情于景，深切地表达了作者壮志难酬和忧国忧民的悲苦心境。

满江红

怒发冲冠[1]，凭栏处，潇潇雨歇[2]。抬望眼，仰天长啸[3]，壮怀激烈。三十功名尘与土[4]，八千里路云和月[5]。莫等闲[6]，白了少年头，空悲切。

靖康耻[7]，犹未雪；臣子恨，何时灭！驾长车[8]，踏破贺兰山缺[9]。壮志饥餐胡虏肉[10]，笑谈渴饮匈奴血。待从头，收拾旧山河，朝天阙[11]。

（《岳武穆集》，明嘉靖十五年刊本）

注释

[1] 怒发冲冠：头发因愤怒而竖起来，顶着了帽子。形容愤怒到了极点。语出《史记·廉颇蔺相如列传》。

[2] 潇潇：雨势急骤的样子。

[3] 长啸：撮口发出悠长而清脆的声音。

[4] “三十”句：三十年来，虽然建立了一些功名，但如同尘土般微不足道。

[5] “八千”句：形容南征北战，路途遥远，披星戴月。

[6] 等闲：轻易，随便。

[7] 靖康耻：宋钦宗靖康二年（1127），金兵攻陷汴京，宋徽宗和宋钦宗被俘，北宋灭亡。

[8] 长车：战车。

[9] 贺兰山：位于宁夏与内蒙古交界处。

[10] 餐：吃。胡虏：此处指金人。

[11] 朝天阙：朝见皇帝。天阙，指皇帝住的宫殿。

简析

这首词体现了岳飞精忠报国的壮志豪情，涌动着一股充塞于天地间的至大至刚的浩然正气。全词壮怀激烈，悲凉慷慨。每当面对外侮，处在生死存亡的紧急关头，这首词都能给人以共赴国难、杀敌报国的精神力量。

陆游

陆游（1125—1210），字务观，号放翁，越州山阴（今浙江绍兴）人。官镇江（今属江苏）、隆兴（今江西南昌）、夔州（今重庆奉节）通判等，官至宝章阁待制。与尤袤、杨万里、范成大并称“中兴四大诗人”。有《剑南诗稿》《渭南文集》等。

游山西村

莫笑农家腊酒浑[1]，丰年留客足鸡豚[2]。山重水复疑无路，柳暗花明又一村。箫鼓追随春社近[3]，衣冠简朴古风存[4]。从今若许闲乘月[5]，拄杖无时夜叩门[6]。

（《剑南诗稿校注》，上海古籍出版社 1985 年）

注释

[1] 腊酒：腊月里酿造的酒。浑：浑浊。酒以清为贵。

[2] 足鸡豚（tún）：准备了丰盛的菜肴。足，足够，丰盛。豚，小猪，诗中代指猪肉。

[3] 箫鼓：箫和鼓，两种乐器。春社：古代把立春后第五个戊日作为拜祭土地神的日子。

[4] 古风存：保留着淳朴的古代风俗。

[5] 闲乘月：趁着月光前来闲游。

[6] 无时：没有定时，随时。

简析

此诗作于宋孝宗乾道三年（1167）初春，当时陆游正罢官闲居在家。这首七律结构严谨，主线突出，全诗八句无一“游”字，而处处紧切“游”字，游兴十足，游意不尽。作品展示了一幅春光明媚的江南山水图，描摹了南宋初年的农村风俗画卷。相对于黑暗险恶的官场，纯朴的农村生活是清新明朗的。

关山月[1]

和戎诏下十五年[2]，将军不战空临边。朱门沉沉按歌舞[3]，厩马肥死弓断弦[4]。戍楼刁斗催落月[5]，三十从军今白发。笛里谁知壮士心，沙头空照征人骨[6]。中原干戈古亦闻，岂有逆胡传子孙！遗民忍死望恢复[7]，几处今宵垂泪痕。

（《剑南诗稿校注》，上海古籍出版社 1985 年）

注释

[1] 关山月：乐府旧题。

[2]“和戎”句：宋孝宗隆兴元年（1163）下诏与金人议和，至作者作此诗时，已十五年。

[3] 朱门：红漆大门，借指豪门贵族。沉沉：形容庭院深邃。按：按照节拍。

[4] 厩（jiù）：马棚。

[5] 戍楼：用以守望的岗楼。刁斗：军中白天用来做饭，晚上用来打更的铜器。

[6] 沙头：边塞沙漠之地。征人：出征戍守边塞的战士。

[7] 遗民：指金国占领下的原宋朝百姓。恢复：收复中原故土。

简析

这首诗是以乐府旧题写时事。诗中痛斥了南宋朝廷文娱武嬉、苟且偷安的情形，表现了爱国将士报国无门的苦闷以及中原百姓盼望恢复的心情，体现了诗人忧国忧民、渴望统一的爱国情怀。此诗以月夜统摄全篇，把将军权贵、戍边战士和中原百姓三个场景融成一个整体，构成一幅关山月夜的全景图。

书愤[1]

早岁那知世事艰，中原北望气如山。楼船夜雪瓜洲渡[2]，铁马秋风大散关[3]。塞上长城空自许[4]，镜中衰鬓已先斑。出师一表真名世[5]，千载谁堪伯仲间[6]。

（《剑南诗稿校注》，上海古籍出版社 1985 年）

注释

[1] 书愤：书写愤恨之情。

[2] 楼船：高大的战船。瓜洲：在今江苏镇江对岸的长江边上。

[3] 铁马：披着铁甲的战马。大散关：在今陕西宝鸡西南，是当时宋金的西部边界，陆游曾亲赴大散关前线。

[4] 塞上长城：比喻能守边的将领。《南史·檀道济传》载，宋文帝要杀大将檀道济，檀临刑前怒叱道："乃坏汝万里长城！"

[5] 出师一表：指诸葛亮《出师表》。名世：名传后世。

[6] 堪：能够。伯仲：原指兄弟间的次第，这里比喻不相上下。

简析

这首诗是宋孝宗淳熙十三年（1186）春陆游被黜蛰居家乡山阴时所作。陆游时年 61 岁，已是烈士暮年。诗人感于山河破碎，世事多艰，小人误国，于是愤懑之情喷薄而出。全诗紧扣"愤"字，可分为两部分。前半叙述早年决心收复失地的壮志雄心，后则感叹时不再来，壮志难酬。全诗感情沉郁，气韵浑厚。

钗头凤[1]

红酥手，黄縢酒[2]，满城春色宫墙柳[3]。东风恶[4]，欢情薄。一怀愁绪，几年离索[5]。错，错，错！

春如旧，人空瘦，泪痕红浥鲛绡透[6]。桃花落，闲池阁。山盟虽在[7]，锦书难托[8]。莫，莫，莫[9]！

（《放翁词编年笺注》，上海古籍出版社 1981 年）

注释

[1] 钗头凤：词牌名。

[2] 黄縢（téng）：此处指美酒。宋代官酒以黄纸为封，故以黄封代指美酒。

[3] 宫墙：绍兴原为古代越王宫殿所在，宋高宗时也曾短时间以绍兴为行都，故有宫墙之说。

[4] 东风：暗喻陆游的母亲。

[5] 离索：离散。

[6] 浥（yì）：湿润。鲛绡（jiāoxiāo）：神话中鲛人所织的丝绢，后世用作手帕的别称。

[7] 山盟：盟誓如山，不可改变。

[8] 锦书：书信。

[9] 莫，莫，莫：罢了，表示无可奈何的样子。

简析

陆游的原配夫人是他的表妹唐琬，二人情投意合、如胶似漆。陆母恐陆游儿女情长，荒疏功名，遂棒打鸳鸯。在母命难违的情形下，二人被迫分离，后来唐琬改嫁赵士程。七年以后的一个春日，陆游在绍兴沈园与偕夫同游的唐琬邂逅。唐琬奉之酒肴，陆游遂吟出此词，并题于园壁之上。此词描写了陆游与唐琬的爱情悲剧。全词用对比手法，往昔夫妻共同生活时的美好情景写得缠绵悱恻，使得他们被迫离异后的凄楚心境深切可感，从而形成感情的强烈对比。全词节奏急促，满怀愁怨，再加上“错错错”和“莫莫莫”先后两次感叹，荡气回肠，大有恸不忍言、恸不能言的意味。

卜算子·咏梅

驿外断桥边[1]，寂寞开无主[2]。已是黄昏独自愁，更著风和雨[3]。

无意苦争春[4]，一任群芳妒[5]。零落成泥碾作尘[6]，只有香如故。

（《放翁词编年笺注》，上海古籍出版社 1981 年）

注释

[1] 驿：驿站，供驿差或官吏中途休息的场所。断桥：残破的桥。

[2] 无主：没有主人照管与观赏。

[3] 更：又，再。著（zhuó）：同“着”，遭受。

[4] 苦：尽力，竭力。争春：与百花争奇斗艳。

[5] 一任：全任，完全听凭。群芳：群花。

[6] 碾（niǎn）：压碎。

简析

这是一首咏物言志词。陆游以梅花自况，咏梅的困难处境，感叹人生的失意坎坷，赞梅的精神以表达自己的高洁人格。陆游一生酷爱梅花，将其作为一种精神的载体来倾情歌颂，梅花在他的笔下成为一种傲岸不屈的象征。这首词托物言志，意味隽永，是咏梅词中广为传诵的经典之作。

诉衷情

当年万里觅封侯[1]，匹马戍梁州[2]。关河梦断何处[3]？尘暗旧貂裘[4]。

胡未灭[5]，鬓先秋[6]，泪空流。此生谁料，心在天山[7]，身老沧洲[8]。

（《放翁词编年笺注》，上海古籍出版社 1981 年）

注释

[1] 万里觅封侯：奔赴万里外的疆场，寻找建功立业的机会。《后汉书·班超传》载，班超曾感叹大丈夫要“立功异域，以取封侯，安能久事笔砚间乎？”。

[2] 戍（shù）：守卫。梁州：治所在今陕西汉中。陆游四十八岁时在汉中担任川陕宣抚使署干办公事。

[3] 关河：关塞，河流。梦断：梦醒。

[4]“尘暗”句：貂皮裘上落满灰尘，颜色为之暗淡。语出《战国策·秦策》：“（苏秦）说秦王，书十上而不行，黑貂之裘敝，黄金百斤尽，资用乏绝，去秦而归。”这里借用苏秦典故，说自己不受重用，未能施展抱负。

[5] 胡：古代泛称北方少数民族，此处指金人。

[6] 鬓：鬓发。秋：秋霜，比喻年老鬓白。

[7] 天山：在新疆，是汉唐时的边疆。这里指代南宋与金国相持的前线。

[8] 沧洲：水边，古时常用来指隐士居住之地。这里指作者位于镜湖之滨的家乡。

简析

这首词是陆游晚年隐居山阴农村以后写的。宋孝宗乾道八年（1172），陆游前往当时西北前线重镇南郑（今汉中）军中任职，度过了八个多月的戎马生活。此词描写了作者一生中最值得怀念的那一段前线岁月，通过今昔对比，表达了作者壮志未酬、英雄迟暮的不平之情。全词悲壮苍凉，幽咽惆怅，而又不失开阔深沉。

张孝祥

张孝祥（1132—1170），字安国，号于湖居士，和州乌江（今安徽和县乌江镇）人。宋高宗绍兴二十四年（1154），考取进士第一名。有《于湖居士文集》。

念奴娇·过洞庭[1]

洞庭青草，近中秋、更无一点风色[2]。玉界琼田三万顷[3]，着我扁舟一叶[4]。素月分辉[5]，银河共影[6]，表里俱澄澈[7]。悠然心会，妙处难与君说。

应念岭海经年[8]，孤光自照[9]，肝胆皆冰雪[10]。短发萧骚襟袖冷[11]，稳泛沧浪空阔[12]。尽挹西江[13]，细斟北斗[14]，万象为宾客[15]。扣舷独啸[16]，不知今夕何夕[17]。

（《张孝祥词笺校》，黄山书社 1993 年）

注释

[1] 洞庭：洞庭湖。

[2] 风色：刮风的迹象。

[3] 界：一作“鉴”，镜子。琼：美玉。

[4] 着：点缀，安置。扁舟：小船。

[5] 素月：洁白的月亮。

[6] 银河：一作“明河”。

[7] 表里：里里外外。

[8] 岭海：两广之地，北有五岭，南有南海，故云。海，一作“表”。

[9] 孤光：指月光。

[10] 肝胆：一作“肝肺”。冰雪：比喻心地像冰雪般纯洁。

[11] 萧骚：稀疏。萧骚，一作“萧疏”。

[12] 沧浪：深青色的水。浪，一作“溟”。

[13] 挹（yì）：舀。挹，一作“吸”。西江：长江自西而来，连通洞庭湖，故称西江。

[14] 北斗：星座名，由七颗星排成斗的形状。诗人想象可以用它来舀酒。

[15] 万象：万物。

[16] 扣舷：敲击船帮。扣，一作“叩”。啸：撮口发声。啸，一作“笑”。

[17]“不知”句：赞叹夜色美好，使人沉醉，竟忘掉时间。

简析

这首词作于宋孝宗乾道二年（1166），张孝祥受谗罢职从广西经洞庭湖北归时而作。上阕主要是写景，景中寓情；下阕着重抒情，意转激昂。作品借洞庭月夜之景，通篇景中见情，笔势雄奇，境界空阔，表现了作者胸襟洒脱气宇轩昂的气魄。

辛弃疾

辛弃疾（1140—1207），字幼安，号稼轩居士，历城（今属山东济南）人。官浙东安抚使、镇江（今属江苏）知府等。与苏轼并称“苏辛”。有《稼轩长短句》。

青玉案·元夕[1]

东风夜放花千树[2]，更吹落、星如雨[3]。宝马雕车香满路[4]。凤箫声动[5]，玉壶光转[6]，一夜鱼龙舞[7]。

蛾儿雪柳黄金缕[8]，笑语盈盈暗香去。众里寻他千百度[9]，蓦然回首，那人却在，灯火阑珊处[10]。

（《稼轩词编年笺注》，上海古籍出版社 1993 年）

注释

[1] 元夕：农历正月十五元宵节的夜晚。

[2] 花千树：形容花灯之多如千树花开。

[3] 星如雨：指焰火纷纷，乱落如雨。

[4] 宝马雕车：装饰豪华的车马。

[5] 凤箫：箫的美称。

[6] 玉壶：比喻明月。一说为精美的灯。

[7] 鱼龙舞：指舞动鱼形、龙形的彩灯。

[8]蛾儿、雪柳、黄金缕：古代妇女元宵节时头上佩戴的各种装饰品，这里指盛装的妇女。

[9] 千百度：千百遍。

[10] 阑珊：零落稀疏的样子。

简析

古代写元宵灯节的诗词不计其数，辛弃疾的这一首却没有人认为是可有可无之作。全词采用对比手法，上阕极写花灯夺目、乐声盈耳的元夕盛况，下阕着意描写在美女如云之中寻觅一位立于灯火零落处的孤高女子。词末数句，最为人称道，从中可见词人笔墨之精，文心之苦，用情之痴。

水龙吟·登建康赏心亭[1]

楚天千里清秋，水随天去秋无际。遥岑远目[2]，献愁供恨，玉簪螺髻[3]。落日楼头，断鸿声里[4]，江南游子。把吴钩看了[5]，栏杆拍遍，无人会，登临意。

休说鲈鱼堪脍[6]，尽西风，季鹰归未[7]？求田问舍[8]，怕应羞见，刘郎才气[9]。可惜流年，忧愁风雨，树犹如此[10]！倩何人[11]、唤取红巾翠袖[12]，揾英雄泪[13]！

（《稼轩词编年笺注》，上海古籍出版社 1993 年）

注释

[1] 建康：今江苏南京。赏心亭：《景定建康志》："赏心亭在下水门之城上，下临秦淮，尽观览之胜。"

[2] 遥岑（cén）：远山。

[3] 玉簪（zān）螺髻（jì）：玉做的簪子，像海螺形状的发髻。这里比喻各种形状的山岭。

[4] 断鸿：失群的孤雁。

[5] 吴钩：古代吴地制造的一种宝刀。

[6] 鲈鱼堪脍：用西晋张翰典故。《世说新语·识鉴篇》："张季鹰辟齐王东曹掾，在洛，见秋风起，因思吴中菰菜、莼羹、鲈鱼脍，曰：'人生贵得适意尔，何能羁宦数千里以要名爵？'遂命驾便归。俄而齐王败，时人皆谓见机。"后来文人将思念家乡、弃官归隐称为莼鲈之思。

[7] 季鹰：张翰，字季鹰。

[8] 求田问舍：置地买房。语出《三国志·魏书·陈登传》。

[9] 刘郎：刘备。才气：胸怀，气魄。

[10] 树犹如此：用西晋桓温典故。《世说新语 · 言语》："桓公北征经金城，见前为琅邪时种柳，皆已十围，慨然曰：'木犹如此，人何以堪！' 攀枝执条，泫然流泪。"此处借以抒发诗人不能收复失地、虚度时光的感慨。

[11] 倩（qìng）：请，托。

[12] 红巾翠袖：女子装饰，代指女子。

[13] 揾（wèn）：擦拭。

简析

这首词是宋孝宗乾道五年（1169）辛弃疾任建康府通判时所作，一说作于淳熙元年（1174）辛弃疾在建康任江东安抚司参议官时。作者登上建康赏心亭，极目远望山川风物，百感交集，痛惜自己满怀壮志而老大无成。全词慷慨悲愤，沉郁顿挫，雄浑豪放。

破阵子·为陈同甫赋壮词以寄之[1]

醉里挑灯看剑[2]，梦回吹角连营[3]。八百里分麾下炙[4]，五十弦翻塞外声[5]。沙场秋点兵[6]。

马作的卢飞快[7]，弓如霹雳弦惊[8]。了却君王天下事，赢得生前身后名。可怜白发生！

（《稼轩词编年笺注》，上海古籍出版社 1993 年）

注释

[1] 陈同甫：陈亮，字同甫，辛弃疾挚友。

[2] 挑灯：把灯芯挑亮。

[3] 吹角连营：各个军营里响起号角声。角，军中乐器。

[4] 八百里：牛名。《世说新语·汰侈》载，晋代王恺有一头珍贵的牛，叫八百里驳。麾下：部下。炙：烤肉。

[5] 五十弦：原指瑟，此处泛指乐器。翻：旧曲翻新。塞外声：指以边塞为题材的雄壮悲凉的军歌。

[6] 沙场：战场。点兵：检阅军队。

[7] 的卢：一种烈性快马。相传刘备在荆州遇险，前临檀溪，后有追兵，幸亏骑的卢马，一跃三丈而脱离险境。见《三国志·蜀书·先主传》。

[8] 霹雳：本是疾雷声，此处比喻弓弦响声之大。

简析

这首词通过追忆作者少年英雄时的豪迈气概，抒发了壮志难酬、英雄迟暮的悲愤心情。全词在谋篇布局上很有创新，前九句写得酣畅淋漓，最后一句釜底抽薪，前边的意气风发陡然逆转为最终的悲凉失望。这种陡然下落，同时也戛然而止的写法，出人意料，扣人心弦，产生了强烈的艺术效果。

鹧鸪天

有客慨然谈功名，因追念少年时事，戏作。

壮岁旌旗拥万夫，锦襜突骑渡江初[1]。燕兵夜娖银胡䩮[2]，汉箭朝飞金仆姑[3]。

追往事，叹今吾，春风不染白髭须[4]。却将万字平戎策[5]，换得东家种树书[6]。

（《稼轩词编年笺注》，上海古籍出版社 1993 年）

注释

[1] 锦襜（chān）突骑：穿锦绣短衣的快速骑兵。襜，系在衣前的围裙。

[2] 燕兵：此处指金兵。娖（chuò）：整理。银胡䩮（lù）：银色或镶银的箭袋。

[3] “汉箭”句：清晨宋军便万箭齐发，向金兵发起进攻。汉，此处代指宋。金仆姑，箭名。

[4] 髭（zī）须：胡子。唇上曰髭，唇下为须。

[5] 平戎策：平定入侵者的策略。此指作者南归后向朝廷呈送的《美芹十论》《九议》等文章。

[6] 东家：东边的邻居。种树书：表示归耕退隐。

简析

这首词是辛弃疾退闲以后的作品，抒写了作者有心杀贼无处报国的悲愤之情。上片气势恢宏，慷慨激昂；下片悲凉如冰，心伤透骨。虽然作者自称戏作，实际上感慨遥深。

永遇乐·京口北固亭怀古[1]

千古江山，英雄无觅，孙仲谋处[2]。舞榭歌台[3]，风流总被，雨打风吹去。斜阳草树，寻常巷陌[4]，人道寄奴曾住[5]。想当年，金戈铁马，气吞万里如虎[6]。

元嘉草草[7]，封狼居胥[8]，赢得仓皇北顾[9]。四十三年[10]，望中犹记，烽火扬州路。可堪回首[11]？佛狸祠下[12]，一片神鸦社鼓[13]。凭谁问廉颇老矣，尚能饭否[14]？

（《辛弃疾集编年笺注》，中华书局 2015 年）

注释

[1] 京口：今江苏镇江。北固亭：又名北固楼，在今镇江北面、长江南岸的北固山上。

[2] 孙仲谋：三国时吴主孙权，字仲谋，曾建都京口。

[3] 舞榭歌台：演出歌舞的台榭。榭，建在高台上的房子。

[4] 寻常巷陌：普通的街道。

[5] 寄奴：南朝宋武帝刘裕的小名。

[6] “想当年”三句：刘裕曾两次领兵北伐，先后灭南燕、后秦，收复洛阳、长安等地。金戈，用金属制成的长枪。铁马，披着铁甲的战马。这里指代精锐部队。

[7]元嘉草草：刘义隆仓促北伐，被北魏太武帝拓跋焘打败。元嘉，宋文帝刘义隆的年号。草草，轻率。

[8] 封：在山上祭天曰封。狼居胥：狼居胥山，在内蒙古中部。《史记·霍去病传》载汉武帝元狩四年（前 119）霍去病追击匈奴，至狼居胥山，封山而还。

[9] “赢得”句：宋文帝刘义隆命王玄谟率师北伐，为北魏太武帝拓跋焘击败，北魏趁机大举南侵，直抵扬州，吓得宋文帝亲自登山向北观望形势。词中用“元嘉北伐”失利事影射南宋“隆兴北伐”。赢得，剩得，落得。

[10] 四十三年：作者于宋高宗绍兴三十二年（1162）从北方抗金南归，至宋宁宗开禧元年（1205）任镇江知府登北固亭写这首词时，前后共四十三年。

[11]可堪：表面意为可以忍受得了，实则是“岂堪”“那堪”，即怎能忍受得了。堪，忍受。

[12] 佛（bì）狸祠：北魏太武帝拓跋焘小名佛狸。公元 450 年，拓跋焘曾反击刘宋，兵锋南下，直抵长江。在长江北岸的瓜步山上建立行宫，即后来的佛狸祠。

[13] 神鸦：指在庙里吃祭品的乌鸦。社鼓：祭神时的鼓声。

[14] 廉颇：战国时赵国名将。《史记 · 廉颇蔺相如列传》记载，廉颇被免职后到魏国，赵王想再用他，派人去看其身体情况。使者见到廉颇，廉颇为之米饭一斗，肉十斤，被甲上马，以示尚可用。使者因受赵国奸臣郭开贿赂，回来向赵王报告时却说：“廉颇将军虽老，尚善饭，然与臣坐，顷之三遗矢（通“屎”）矣。”赵王以为廉颇已老，遂不用。

简析

这首词作于宋宁宗开禧元年（1205），辛弃疾六十六岁。当时韩侂胄正积极筹划北伐，辛弃疾受命担任镇江知府，戍守江防要地京口。作者来到京口北固亭，登高眺望，怀古忆昔，怀着深重的忧虑和一腔悲愤写下这首词。上片赞扬在京口建立霸业的孙权和率军北伐、气吞胡虏的刘裕，表示要像他们一样为国立功。下片借讽刺刘义隆，表明自己坚决主张抗金但反对冒进误国的态度。全词豪壮悲凉，用典虽多，却天衣无缝，恰到好处。

文天祥

文天祥（1236—1283），字履善，又字宋瑞，吉州庐陵（今江西吉安）人。宋理宗宝祐四年（1256）进士第一。恭帝德祐元年（1275），元军渡江，文天祥罄家财为军资招兵勤王。任右丞相兼枢密使，奉命赴元军议和被拘，押解北上途中逃归，转战福建、广东等地。帝昺祥兴元年（1278），在五坡岭（今广东海丰北）被元军俘虏。后被解至元大都（今北京），始终不屈，从容就义。有《文山先生全集》。

过零丁洋[1]

辛苦遭逢起一经[2]，干戈寥落四周星[3]。山河破碎风飘絮[4]，身世浮沉雨打萍。惶恐滩头说惶恐[5]，零丁洋里叹零丁[6]。人生自古谁无死？留取丹心照汗青[7]。

（《文天祥全集》，江西人民出版社 1987 年）

注释

[1] 零丁洋：广东珠江口外的一片海域。

[2] 遭逢：遭遇。起一经：因为精通一种经书，通过科举考试而被朝廷起用做官。

[3] 干戈：指抗元战争。寥（liáo）落：荒凉冷落。四周星：四年。文天祥从 1275 年起兵抗元到 1278 年被俘，共四年。

[4] 絮：柳絮。

[5] 惶恐滩：在今江西万安，是赣江中的险滩。1277 年，文天祥在江西吉水被元军打败，经惶恐滩撤到福建。

[6] 零丁：孤苦，孤独。

[7] 丹心：红心，比喻忠心。汗青：史册。古代用简写字，先用火烤干其中水分，干后易写且不受虫蛀，称为汗青。

简析

这是文天祥所作的一首七言律诗。1279 年，文天祥被元军用战船押解过零丁洋。元军主帅张弘范让文天祥写信招降固守崖山的宋军，文天祥拒绝，出示此诗以明心志。最后两句“人生自古谁无死，留取丹心照汗青”为千古绝唱，表现出诗人视死如归、大义凛然的英雄气概。

张养浩

张养浩（1270—1329），字希孟，号云庄，济南（今属山东）人。元武宗至大年间，曾拜监察御史。仁宗时官至礼部尚书、参议中书省事。有《云庄休居自适小乐府》。

山坡羊·潼关怀古[1]

峰峦如聚，波涛如怒[2]，山河表里潼关路[3]。望西都[4]，意踌躇[5]。伤心秦汉经行处，宫阙万间都做了土[6]。兴，百姓苦；亡，百姓苦！

（《全元散曲》，中华书局 1964 年）

注释

[1] 山坡羊：曲牌名。

[2] 波涛如怒：形容黄河波涛的汹涌澎湃。

[3] 山河表里：外有黄河，内有华山，形容潼关一带地势险要。潼关：在今陕西临潼，是历代军事重地。

[4] 西都：指长安，今陕西西安。

[5] 踌躇：犹豫不决，徘徊不定。

[6] 宫阙：宫殿。阙，皇宫门前的望楼。

简析

这是元代张养浩的散曲作品，《元史·张养浩传》：“天历二年，关中大旱，饥民相食，特拜张养浩为陕西行台中丞。登车就道，遇饥者则赈之，死者则葬之。”张养浩在赈济关中大旱之际写下这首《山坡羊》。此曲抚今追昔，从历代王朝的兴衰更替，想到人民的苦难。全曲由写景而怀古，再引发议论，将苍茫的景色、深沉的情感和精辟的议论三者完美结合起来，字里行间充满着历史的沧桑感。“兴，百姓苦；亡，百姓苦。”是全曲之眼，使得此曲的境界大大高出同类题材其他作品。

杨慎

杨慎（1488—1559），字用修，号升庵，四川新都（今四川成都）人。正德六年状元，官翰林院修撰。世宗继位，任经筵讲官。嘉靖三年，因“大礼议”受廷杖，谪戍终老于云南永昌卫。有《升庵集》。

临江仙

滚滚长江东逝水，浪花淘尽英雄[1]。是非成败转头空。青山依旧在，几度夕阳红[2]。

白发渔樵江渚上[3]，惯看秋月春风。一壶浊酒喜相逢[4]。古今多少事，都付笑谈中。

（《升庵集》，清道光刻本）

注释

[1] 淘尽：荡涤一空。

[2] 几度：几次。

[3] 渔：渔夫。樵：樵夫。渚（zhǔ）：水中的小块陆地。

[4] 浊酒：混浊的酒，指质量不太好的酒。

简析

这是明代杨慎所作《廿一史弹词》第三段《说秦汉》的开场词，清朝毛宗岗父子评刻《三国演义》时将其放在卷首。这是一首咏史词，借叙述历史兴亡抒发人生感慨，豪放中有含蓄，高亢中有深沉。作者试图在历史长河的奔腾中探索永恒的价值，在成败得失之间寻找深刻的人生哲理，有历史兴衰之感，也有人生沉浮之慨，体现出一种淡泊旷达的胸怀。

参考书目

《先秦汉魏晋南北朝诗》，逯钦立辑校，中华书局 1983 年版。

《乐府诗选》，余冠英选注，中华书局 2012 年版。

《乐府诗集》，（宋）郭茂倩编，中华书局 1979 年版。

《陶渊明集》，（东晋）陶渊明撰，逯钦立校注，中华书局 1979 年版。

《全唐诗》（增订本），中华书局编辑部点校，中华书局 1999 年版。

《唐诗三百首》，（清）蘅塘退士编，陈婉俊补注，中华书局 1984 年版。

《王子安集注》，（唐）王勃撰，（清）蒋清翊注，上海古籍出版社 1995 年版。

《孟浩然集》，（唐）孟浩然撰，张元济等辑，《四部丛刊初编》，上海书店 1989 年版。

《王右丞集笺注》，（唐）王维撰，（清）赵殿成笺注，上海古籍出版社 1961 年版。

《李太白全集》，（唐）李白撰，（清）王琦注，中华书局 2015 年版。

《李白全集校注汇释集评》，（唐）李白撰，詹锳主编，百花文艺出版社 1996 年版。

《杜诗详注》，（唐）杜甫撰，（清）仇兆鳌注，中华书局 1979 年版。

《岑参集校注》，（唐）岑参撰，陈铁民、侯忠义校注，上海古籍出版社 1981 年版。

《韩昌黎诗系年集释》，（唐）韩愈撰，钱仲联集释，上海古籍出版社 1984 年版。

《白居易集》，（唐）白居易撰，顾学颉点校，中华书局 1979 年版。

《刘禹锡集笺证》，（唐）刘禹锡撰，瞿蜕园笺证，上海古籍出版社 1989 年版。

《柳宗元集》，（唐）柳宗元撰，中华书局 1979 年版。

《李贺诗歌集注》，（唐）李贺撰，（清）王琦等注，上海古籍出版社 1978 年版。

《玉溪生诗集笺注》，（唐）李商隐撰，（清）冯浩笺注，上海古籍出版社 1979 年版。

《南唐二主词》，（南唐）李璟、李煜撰，（清）沈宗畸编，《晨风阁丛书》，中国书店 2010 年版。

《李煜全集》，（南唐）李煜撰，张玖青编著，崇文书局 2015 年版。

《小畜集》，（宋）王禹偁撰，张元济等辑，《四部丛刊初编》，上海书店 1989 年版。

《林和靖先生诗集》，（宋）林逋撰，张元济等辑，《四部丛刊初编》，上海书店 1989 年版。

《乐章集校注》，（宋）柳永撰，薛瑞生校注，中华书局 1994 年版。

《柳永词集》，（宋）柳永著，上海古籍出版社 2017 年版。

《范仲淹集》，（宋）范仲淹撰，薛正兴点校，凤凰出版社 2019 年版。

《张子野词》,（宋）张先撰,（清）朱孝臧辑,《强村丛书》，上海古籍出版社 1989 年版。

《晏殊词新释辑评》,（宋）晏殊撰，刘扬忠辑评，中国书店 2003 年版。

《梅尧臣集编年校注》,（宋）梅尧臣撰，朱东润编年校注，上海古籍出版社 1980 年版。

《欧阳文忠公集》,（宋）欧阳修撰，张元济等辑，《四部丛刊》，上海书店 1989 年版。

《临川先生文集》,（宋）王安石撰，中华书局上海编辑所 1959 年版。

《苏轼诗集》,（宋）苏轼撰，孔凡礼点校，中华书局 1982 年版。

《苏轼词编年校注》,（宋）苏轼撰，邹同庆、王宗堂校注，中华书局 2002 年版。

《小山词》,（宋）晏几道撰，王根林点校，上海古籍出版社 1988 年版。

《淮海居士长短句》,（宋）秦观撰，徐培均校注，上海古籍出版社 1985 年版。

《东山词》,（宋）贺铸撰，钟振振校注，上海古籍出版社 1989 年版。

《清真集校注》,（宋）周邦彦撰，孙虹校注，薛瑞生订补，中华书局 2002 年版。

《李清照集笺注》,（宋）李清照撰，徐培均笺注，上海古籍出版社 2002 年版。

《李清照词集》,（宋）李清照著，吴惠娟导读，上海古籍出版社 2014 年版。

《岳武穆集》,（宋）岳飞撰，明嘉靖十五年刊本。

《剑南诗稿校注》,（宋）陆游撰，钱仲联校注，上海古籍出版社 1985 年版。

《放翁词编年笺注》,（宋）陆游撰，夏承焘、吴熊和笺注，上海古籍出版社 1981 年版。

《张孝祥词笺校》,（宋）张孝祥撰，宛敏灏笺校，黄山书社 1993 年版。

《稼轩词编年笺注》,（宋）辛弃疾撰，邓广铭笺注，上海古籍出版社 1993 年版。

《辛弃疾集编年笺注》,（宋）辛弃疾著，辛更儒笺注，中华书局 2015 年版。

《文天祥全集》,（宋）文天祥撰，熊飞、漆身起点校，江西人民出版社 1987 年版。

《全元散曲》，隋树森编，中华书局 1964 年版。

《升庵集》,（明）杨慎撰，清道光刻本。

《中国文学家大辞典》（先秦汉魏晋南北朝卷），曹道衡、沈玉成编撰，中华书局 1996 年版。

《中国文学家大辞典》（唐五代卷），周祖譔主编，中华书局 1992 年版。

《中国文学家大辞典》（宋代卷），曾枣庄主编，中华书局 2004 年版。

《中国古代文学作品选》，郁贤皓主编，高等教育出版社 2015 年版。